안티히어로
왜 우리는 흠결 있는 지도자에 열광하는가

최
병
현

차례

프롤로그 영웅이 퇴장한 날   05

1장 영웅의 정치철학   - 완전성의 이상과 현실   19

2장 영웅에서 안티히어로로   - 거대 서사의 붕괴와 새로운 문법   41

3장 세계 정치의 안티히어로들   - 실패와 결핍의 리더십   77

4장 한국 정치의 안티히어로들   - 권위의 종말과 팬덤의 부상   125

5장 안티히어로 정치철학   - 불완전함의 힘과 민주주의 재구성   163

6장 다음 시대의 지도자   - 불완전한 연대와 시민적 리더십   205

에필로그 새로운 리더십을 기다리며   247

프롤로그

영웅이 퇴장한 날

최근 한 정상회담 장면이 21세기 정치의 변화를 압축적으로 보여준다. 스캔들로 점철된 미국 대통령과 코미디언 출신 우크라이나 대통령의 만남. 외교적 품위 대신 날선 공방, 정제된 언어 대신 거친 직설. 전통적 의미의 '완벽한 지도자'와는 거리가 먼 두 인물이 오히려 각자의 나라에서 강력한 정치적 지지를 받고 있다. 이 장면은 우리에게 질문한다. 정치 리더십의 근본이 바뀌고 있는 것은 아닐까?

영웅 서사의 몰락

불과 한 세대 전만 해도 정치 지도자상은 많이 달랐다. 지도자란 품위를 지키고 도덕적으로 흠잡을 데 없는 존재여야 했다. 예컨대 철학자 플라톤이 말한 '철인군주'처럼, 지도자는 지혜와 덕을 모두 갖추고 사사로운 욕망을 초월해야 한다는 이상이 오랫동안 정치철학의 중심에 있었다.

대한민국도 예외는 아니었다. 산업화와 민주화의 시대를 거치는 동안 한국의 지도자들 역시 각자 거대한 영웅 서사로 자신을 무장했다. 예컨대 박정희와 김대중은 비록 이념과 정치 노선은 달랐지만 둘 다 '국가적 소명'을 지닌 운명적 인물처럼 스스로를 연출했다. 당시 국민도 그들이 내세운 이러한 영웅 이미지를 자연스럽게 받아들였다.

그러나 21세기에 들어 미디어 환경이 급변하면서 이러한 영웅적 리더십 모델 자체가 근본적인 도전에 직면했다. SNS와 24시간 뉴스 미디어를 통해 지도자의 일거수일투족이 낱낱이 공개되는 현실에서, 더 이상 완벽한 영웅 이미지를 유지하는 것은 불가능해졌다. 게다가 더 큰 변화는 국민들이 이제 그런 '완벽한 지도자'상을 바라지 않게 되었다는 점이다.

예를 들어 트럼프는 젤렌스키를 향해 "독재자"라느니 "코미디언 출신의 우연한 성공"이라느니 하는 말로 조롱했다. 젤렌스키 역시 "트럼프는 허위 정보의 세계에 살고 있다"라고 즉각 반격했다. 이렇게 서로 막말을 주고받는 두 인물의 설전은 전통적 의미의 '품격 있는 영웅'과 거리가 먼 모습이었다. 외교적 품위는 사라지고 적나라한 정치적 충돌만이 남았다.

트럼프는 재임 시절 전후로 각종 소송과 스캔들에 휘말렸고, 젤렌스키는 정치 경험이 전무한 코미디언 출신 대통령이다. 그런데 아이러니하게도 이러한 결핍들이 두 사람의 정치적 자산으로 작용하고 있다. 트럼프의 지지자들은 그의 거친 언행을 단순한 일탈로 보지 않는다. 지지자들은 트럼프의 거친 발언을 단순한 일탈이 아니라 "검열되지 않은 발화"로 받아들인다. 정치적으로 계산된 안전한 문장이 아니라 어느 정도 위험을 감수한 직설이라고 생각하는 것이다.

이러한 발언은 엘리트와 타협하지 않겠다는, 대가를 치를 각오가 담긴 신호로 해석된다. 결국 "본심을 숨기지 않는다"는 평가가 나오고, 이는 곧 "가식이 적다"는 인식으로 이어진다. 가식이 적다는 인식은 다시 "이해관계에 덜 포획됐다"는 추론을 낳고, 마침내 "믿을 만하다"는 결론으로까지 연결된다.

  우크라이나 국민 역시 젤렌스키가 '완벽한' 정치인이 아니라는 것을 알고 있다. 그러나 위기 상황에서 자신의 한계와 시행착오를 숨기지 않고 시민들과 동일한 불확실성과 부담을 공개적으로 공유하는 그의 태도는, 지도자와 국민 사이의 거리감을 크게 줄인다. 유권자에게는 매끈한 완벽함보다 불완전하지만 투명한 리더십이 더 신뢰 가능하게 느껴진다. 결국 두 지도자의 흠결이야말로 '위선을 줄이고 기꺼이 리스크를 감수한다'는 진정성의 신호로 해석되며, 이것이 각자의 정치적 자본으로 연결된다.

  바로 이런 현상이 오늘날 정치의 결정적 전환점이다. 완벽한 영웅을 기다리던 시대는 이미 저물었다. 대신 불완전함을 드러내면서도 솔직하고 투명한 지도자가 새로운 신뢰를 얻는다. 결국 정치 무대의 주역은 더 이상 고전적 영웅이 아니라 '안티히어로'다. 당신이라면 어떤 상대에게 기꺼이 손을 내밀겠는가? 흠 하나 없이 매끈한 손인가, 상처가 남았지만 숨기지 않는 손인가?

안티히어로란 무엇인가

 안티히어로는 전통적인 '영웅'과 정반대 위치에 서 있는 존재다. 영웅이 완벽함과 도덕적 순수함의 상징이었다면, 안티히어로는 자신의 결핍과 모순을 숨기지 않고 드러낸다. 영웅이 대의를 위해 희생과 고고함을 내세울 때 안티히어로는 현실을 직시하는 솔직함과 상황 인식으로 사람들을 설득한다. 영웅이 스스로 신격화되어 거리감을 조성하고 대중의 숭배를 요구했다면, 안티히어로는 대중과의 친밀감을 무기로 공감과 동일시를 이끌어낸다.

 하지만 안티히어로를 단지 '영웅의 반대 존재'라고만 볼 수는 없다. 안티히어로 나름의 카리스마와 정당성이 분명히 존재한다. 단지 그 기반이 전통적인 완벽함에 있지 않을 뿐이다. 이들의 메시지는 한 마디로 요약된다.

 "나도 당신들과 똑같이 불완전한 인간이다.
 그렇기에 당신들의 마음과 고통을 이해한다."

 다시 말해 결점과 한계의 공개는 약점이 아니라 오히려 유대와 신뢰로 들어가는 관문이 된다. 그렇게 솔직하게 드러낸 불완전함을 통해 정치적 신뢰가 형성되는 것이다.

이 변화는 한국 정치에서도 선명하다. 오늘의 전면에는 빛과 그림자가 서로를 증명하는 인물들이 서 있다. 정청래의 직설은 불의를 가르는 칼이지만, 그 예리함이 때로 합의의 피부를 벤다. 이준석의 '0선'은 분명한 결핍이었으나, 결핍이야말로 새로움의 증명서가 되었고—그 새로움은 언제든 미숙의 별칭으로 뒤집힐 수 있다. 조정훈의 실용은 경계를 흐려 길을 넓히지만, 그 흐림이 정체성의 옅어짐으로 돌아오는 역설도 따른다. 이재명의 서민 서사는 연대의 온도를 높이되, 그 뜨거움이 의혹의 그늘을 더 짙게도 만든다. 윤석열의 원칙과 직설은 부패를 겨누는 망치지만, 망치가 섬세함을 대신할 수는 없다. 조국의 개혁 서사는 결집의 표지가 되었으나, 같은 표식이 분열의 기호가 되기도 한다. 이들은 '흠 없는 영웅'이 아니라 '흠을 자산으로 바꾸는 기술'로 시대를 건넌다. (구체적 사례와 데이터는 4장에서 다룬다.)

이처럼 여권·야권을 막론하고, 직설로 의제를 뚫고, 생활언어와 숫자로 성과를 증명하며, 플랫폼으로 권위를 흔드는 정치—이것이 안티히어로의 문법이다. 결국 안티히어로 정치의 핵심 전략은 자신의 결핍을 오히려 무기로 삼는 데 있다. 지도자가 자신의 흠결을 드러내 보이면 그것이 오히려

"솔직하다"는 증거로 받아들여지고, 전통적인 규범을 깨는 파격행동도 "기득권에 굴복하지 않는다"는 의미로 해석된다. 이제 대중은 더 이상 완벽한 모습에서 지도자의 신뢰도를 판단하지 않는다. 오히려 자신들과 비슷한 모습, 솔직하게 드러낸 결점에서 신뢰감을 얻는다.

정치 지도자의 정통성(정당하게 인정받는 힘)은 도덕적 완벽함이 아니라, 자신의 불완전함을 얼마나 투명하게 드러내고 관리하는지, 적대 세력을 어떻게 분명히 규정하는지, 그리고 자기만의 이야기를 얼마나 일관되게 펼치는지에서 나온다. 한 마디로 안티히어로에게 중요한 것은 흠결이 전혀 없다는 점이 아니라, 그 흠결을 어떻게 다루느냐이다. 이렇게 결핍을 드러내고 활용함으로써 지지를 얻는 방식이 바로 안티히어로 정치의 철학적 작동 원리다.

왜 지금 안티히어로인가

이처럼 안티히어로란 전통적 의미의 영웅과 달리, 결핍과 약점을 지닌 인물이다. 그들은 도덕적 흠결이 없거나 완벽하게 강인한 존재가 아니다. 오히려 불완전하고 때로는 모순된 모습으로 살아간다. 하지만 바로 그 점에서 대중은 새로운 친근감을 느낀다. 영웅이 초월적 이상을 구현한다면, 안티히어로는 현실 속 인간의 불안과 상처를 대변한다. 이들은 권력에 오르면서도 스스로의 결함을 숨기지 않고, 때로는 그것을 정치적 자산으로 전환한다. 다시 말해, 안티히어로는 "완벽함의 부재가 곧 진정성의 증거가 되는 리더"다.

지금 시대에 안티히어로가 각광받는 이유는 한 마디로 과거와 달라진 대중의 욕망 때문이다. 예전에는 사람들이 자기보다 훨씬 뛰어나고 결함 없는 리더를 동경했다. 흠잡을 데 없이 완벽하고 도덕적으로 흠결이 없는 영웅을 원했던 것이다. 하지만 이제는 상황이 완전히 달라졌다. 대중은 오히려 자기와 비슷한 약점을 지녔고, 자신들과 같은 고민과 실수를 해본 적이 있는 리더에게 더 큰 신뢰를 보낸다. 완벽한 지도자는 오히려 "뭔가 숨기는 것이 있지 않나?" 하는 의심을 사고, 불완전한 지도자는 인간적인 친근감을 만들어 낸다.

이러한 인식 변화의 배경에는 미디어 환경의 혁명이 자리하고 있다. 인스타그램, 유튜브, 스레드, 페이스북, 트위터 같은 SNS와 24시간 뉴스 매체는 정치인의 일거수일투족을 실시간으로 공개한다. 이제 지도자가 완벽한 척 가면을 쓰고 살기는 어려운 세상이 되었다. 오히려 알려질 결함이라면 차라리 먼저 공개해버리는 것이 전략적으로 유리한 시대다. 숨김없이 드러낸 결핍은 오히려 진정성으로 받아들여지고, 스스로 털어놓는 자기 고백은 대중의 신뢰로 이어진다.

이와 더불어 기존 엘리트 정치인들에 대한 대중의 불신도 커져왔다. 겉으로 '완벽한 정치인' 행세를 하던 이들이 가면 뒤에서 행한 각종 거짓과 위선이 드러날수록, 대중은 이제 오히려 그 완벽함 자체를 의심하게 되었다. 한마디로 정치에 관한 통념이 뒤집혀 버린 것이다. "차라리 불완전해도 솔직한 사람이 낫다." 이 말이 새로운 기준이 되었다.

이런 맥락에서 이 책은 정치의 전환을 정치철학적 관점에서 해석해보려는 시도다. 핵심 질문은 분명하다. 왜 '흠 없는 영웅'의 이상이 약해지고, 왜 '불완전하지만 투명한' 리더가 설득력을 얻는가.

우선 플라톤에서 마키아벨리에 이르는 고전 전통을 검토한다. 고전은 '이상적 통치자'의 덕과 기술을 제시했지만, 그 이상이 현대 민주주의의 조건—다원적 가치, 상향식 정당성, 미디어 공개성, 전문관료제—과 충돌하며 어떻게 힘을 잃어왔는지 따져본다. 동시에 고전에서 여전히 유효한 통찰(예: 덕과 제도의 균형, 통치 기술의 현실성)은 무엇인지 가려낸다.

다음으로 세계 각국의 실제 정치 사례를 분석한다. 미국의 트럼프, 우크라이나의 젤렌스키, 브라질의 룰라, 영국의 처칠 등 서로 다른 맥락의 인물들을 통해 안티히어로가 어떤 서사와 전략(직설·취약성의 공개·성과의 수치화·대중적 플랫폼 활용)으로 권력을 획득하고 정당성을 축적하는지 살핀다. 한국 정치 역시 이 흐름의 예외가 아니다. 권위주의 시기의 영웅적 리더십과 민주화 이후 등장한 안티히어로적 리더십이 무엇이 달라졌고 무엇이 이어졌는지를 비교함으로써, 한국 민주주의의 현재를 새롭게 읽어낸다.

마지막으로 안티히어로 시대의 정치철학을 제안한다. 지도자의 불완전함이 어떻게 새로운 정통성의 근거(진정성·책임의 분배·학습 가능성)가 될 수 있는지, 그리고 이 변화가 민주주의의 질과 방향—제도적 견제, 시민 역량, 정보 환경, 정책 실행—에 던지는 과제를 정리한다.

한 가지 분명히 해둘 것이 있다. 이 책은 특정 정치인에 대한 지지나 비판을 목적으로 하지 않는다. 누가 좋은 정치인인지, 누가 민주주의에 해로운지를 판단하려는 것이 아니다. 우리가 주목하는 것은 '안티히어로 현상' 그 자체다. 왜 21세기에 불완전한 지도자들이 전 세계적으로 주목받게 되었는가? 이 변화가 민주주의에 어떤 의미를 갖는가? 우리는 이 현상을 어떻게 이해하고 대응해야 하는가?

따라서 이 책에서 다루는 인물들은 '분석의 대상'이지 '평가의 대상'이 아니다. 개별적 성공과 실패, 도덕성과 능력을 논하는 것이 아니라, 그들을 통해 드러나는 정치 문화의 변화를 읽어내려 한다. 독자 역시 개인에 대한 호불호를 접어두고, 현상 자체가 던지는 질문에 집중해주기를 바란다.

독자에게 던지는 질문

책장을 넘기기 전에 잠시 멈추어 스스로에게 물어보라. 여러분이 바라는 이상적인 리더는 지금도 흠 하나 없이 완벽한 모습으로 무대에 서 있는 사람인가? 아니면 여러분과 비슷한 실수와 상처를 지닌 불완전한 인간인가? 도덕적으로 전혀 흠잡을 데 없는 지도자와 자신의 약점을 숨김없이 드러내는 지도자 중에 과연 누가 더 믿음직스러운가? 만약 여러분의 대답이 예전과 달라졌음을 느낀다면, 그것은 결코 우연이 아니다. 여러분은 이미 안티히어로의 시대 한가운데에 서 있기 때문이다.

이 책은 이러한 변화를 이해하고 대비하려는 독자들을 위한 하나의 안내서이다. 이제 정치 무대의 주역은 '완벽한 영웅'이 아니다. 그 자리를 오히려 자신의 결핍을 인정하며 드러내는 '안티히어로'가 차지하고 있다. 앞으로의 민주주의 시대를 준비하려면, 우리는 먼저 왜 지금 이 시대에 완벽한 영웅보다 이런 안티히어로가 필요한지를 이해해야 한다. 그것이 바로 새로운 정치의 출발점이 될 것이다.

1장
영웅의 정치철학
"완전성의 이상과 현실"

정치 무대에 '영웅'이 등장하는 순간 대중은 환호하고, 역사의 흐름마저 바뀐다. 알렉산드로스 대왕, 링컨, 간디처럼 한 시대의 방향을 바꾼 인물들이 자연스레 떠오른다. 이처럼 역사적 전환을 이끈 지도자를 가리켜 우리는 '영웅'이라 부른다. '영웅'이란 단순히 뛰어난 지도자가 아니라 인간과 권력, 공동체의 질서를 하나로 묶어내는 상징적인 존재다. 정치철학은 이 영웅의 형상을 통해, 우리가 어떤 지도자를 꿈꿔왔는지를 보여주는 거울이 된다.

플라톤에서 마키아벨리에 이르는 2천 년의 긴 전통을 살펴보면, 이상적 지도자의 모습은 놀라울 만큼 일관된 특징을 보인다. 지도자는 공동체를 지혜롭게 이끌 만큼의 완전성, 사적 욕망을 넘어서는 도덕성, 그리고 대중을 압도하는 탁월성을 갖추어야 한다는 것이다. 이런 덕목들이 결합된 지도자가 바로 정치적 '영웅'의 전형이었다.

흥미로운 점은 이러한 영웅의 모습이 가장 강하게 요청된 순간이 바로 공동체가 위기에 빠진 시기였다는 사실이다. 권력이 흔들리고 질서가 무너질수록 사람들은 완벽하고 초월적인 지도자의 등장을 갈망해왔다. 그러나 정작 현실 정치 무대에서 철학이 그린 이상과 실제 지도자의 모습 사이에 간극은 너무나도 컸다. 이상은 높아졌지만, 현실은 그에 미치지 못한 것이다.

오늘날 우리가 목격한 트럼프와 젤렌스키의 백악관 설전은 이 아이러니를 가장 압축적으로 드러낸다. 한쪽은 끊임없이 스캔들과 법정 다툼에 휘말린 전직 미국 대통령이고, 다른 한쪽은 코미디언 출신으로 정치 경험이 전무했던 우크라이나 대통령이다. 두 사람 모두 플라톤이 꿈꿨던 철인군주의 모습과는 거리가 멀다. 그런데 흥미롭게도, 바로 그런 불완전함 때문에 이들은 오히려 강력한 정치적 정통성과 대중적 지지를 확보하고 있다. 결점이 숨김없이 드러난 인간적 리더십이 기존의 완벽한 영웅상보다 현실에서 더 큰 친밀감과 신뢰를 준다는 의미다.

이 대조는 우리에게 중요한 깨달음을 준다. 고전 정치철학이 그려온 영웅적 리더십의 이상은 오늘날의 정치 현실과 맞지 않는다. 대신 불완전하고 모순된 인간적 리더십이 오히려 새로운 신뢰의 근거가 되고 있다. 다시 말해, 지금 우리는 '영웅의 몰락'이 아니라 '안티히어로의 부상'을 목격하고 있는 것이다.

플라톤의 철인군주: 완전한 이성과 도덕의 지도자

플라톤의 『국가』(기원전 380년)는 서구 정치철학의 출발점이다. 여기서 그는 선언한다.

> "철학자가 왕이 되지 않는 한,
> 혹은 왕이 철학자가 되지 않는 한,
> 국가는 결코 완전해질 수 없다."

플라톤이 말하는 철학자는 단순한 학자가 아니다. 그는 '선(善)의 이데아'를 직접 본 사람, 곧 진리를 깨달은 사람이다. 국가의 세 계급—생산자(농부·상인), 수호자(군인), 통치자—는 각자 절제·용기·지혜라는 덕목을 수행해야 한다. 그중 가장 높은 자리에 선 통치자는 지혜를 통해 공동체 전체의 정의를 구현한다.

플라톤의 구상에서 가장 급진적인 부분은 권력욕 제거다. 철인군주는 사익을 추구해서는 안 된다. 그래서 그는 재산을 가질 수도, 가족을 꾸릴 수도 없다. 결혼조차 금지된다. 지도자는 자기 욕망을 비워낸 자여야 하고, 오직 지혜와 덕으로만 나라를 다스려야 한다. 지금 기준으로 보면 비현실적이지만, 당시 플라톤에게 이것은 권력의 타락을 막는 유일한 방법이었다.

여기서 드러나는 또 하나의 특징은 민주주의에 대한 불신이다. 플라톤은 대중을 믿지 않았다. 그는 다수를 "어리석고, 사익을 좇으며, 경험에서도 배우지 못하는 존재"라 규정했다. 따라서 정치는 다수의 의지에 맡길 수 없다고 보았다. 오직 진리를 아는 소수, 곧 철학자의 지혜만이 정치의 정당성을 보장한다고 생각했다.

결국 플라톤에게 정의란 다수가 원하는 것을 실현하는 것이 아니었다. 그것은 '선의 이데아'를 아는 철학자, 곧 철인군주가 구현하는 질서였다. 이 사상은 서구 정치철학에서

'영웅적 리더'의 최초 모델로 자리 잡았다. 완전성과 도덕성, 초월적 지혜를 갖춘 지도자가 곧 이상적 정치의 핵심이라는 믿음이었다.

아리스토텔레스의 덕 있는 지도자상

아리스토텔레스는 플라톤의 제자였지만, 스승보다 훨씬 현실적이었다. 그럼에도 지도자의 도덕적 완전성은 여전히 강조했다. 그가 꿈꾼 이상적인 정치란 단순히 권력을 누가 잡느냐의 문제가 아니었다. 그것은 덕성을 갖춘 시민들이 함께 토론하고, 함께 결정하며, 함께 행동하는 과정이었다. 다시 말해, 정치는 권력의 기술이 아니라 윤리와 공동체의 결합이었다.

이를 뒷받침하기 위해 그는 무려 158개나 되는 도시국가의 헌정을 조사했다. 그리고 두 가지 기준—통치 목적과 통치자의 수—를 사용해 정체를 분류했다. 공공선을 추구하면 올바른 정체, 사익을 추구하면 타락한 정체라는 구분이었다. 올바른 정체에는 군주정(일인), 귀족정(소수), 그리고 다수에 의한 공공선을 지향하는 폴리테이아(Politeia)가 속했고, 타락한 정체에는 참주정, 과두정, 그리고 빈민정(다수의 사익 추구)이 속했다. 그는 정치의 본질을 이렇게 요약했다.

"권력이 누구에게 있느냐보다,
그것이 무엇을 위해 쓰이느냐가 더 중요하다."

여기서 핵심 개념은 '중용[1]'이다. 중용은 넘치지도 모자라지도 않는 상태, 곧 균형과 절제를 뜻한다. 아리스토텔레스에게 중용은 단지 개인의 도덕 규범이 아니라 국가 운영의 원리였다. 따라서 지도자는 개인적으로나 정치적으로나 이 중용을 실천할 수 있어야 했다.

그의 사상은 정치와 윤리를 긴밀히 엮었다. 첫째, 정치인 스스로 덕성과 윤리를 갖춰야 한다. 둘째, 정치는 시민들이 덕과 윤리를 습득하도록 이끌어야 한다. 정치는 단순한 통치 행위가 아니라 시민을 교육하고 더 나은 인간으로 성장시키는 과정이라는 것이다.

그래서 아리스토텔레스에게 지도자는 단순한 권력자가 아

---

[1] '중용'은 헬라어 원어로 μεσότης (mesótēs)다. 이는 '중간 상태/평균("mean")'이라는 뜻을 가지고 있다. 덕의 정의에 관한 짧은 원문을 보면, "ἡ ἀρετή ἐστιν ἕξις προαιρετική, ἐν μεσότητι οὖσα τῇ πρὸς ἡμᾶς … ᾧ ἂν ὁ φρόνιμος ὁρίσειεν(덕은 선택적 성향이며, 우리에게 상대적인 중용에 있고 … 현자가 규정할 그 기준에 따른다)." — 《니코마코스 윤리학》라고 되어 있다. 이는 중용(μεσότης)은 절대적 평균이 아니라 "우리에게(relative to us)" 적절한 균형으로, 이성(λόγος)과 실천적 지혜(φρόνησις, phronēsis)가 판단 기준이 된다.

니라, 교육자였다. 국가는 모든 시민에게 공통된 기초 교육을 제공해야 하고, 이를 통해 "덕과 최선의 삶을 함께 추구"하도록 이끌어야 한다. 이상적인 정치는 단순히 질서를 유지하는 체제가 아니다. 그것은 시민들이 더 나은 인간으로 성장할 수 있도록 돕는 제도적 장치였다.

루소의 일반의지와 민족정신 지도자

18세기의 사상가 장 자크 루소는 지도자상에 새로운 차원을 덧붙였다. 그는 단순히 도덕적 통치자를 넘어, 한 공동체의 도덕적 에너지를 응집하고 시민적 결속을 이끌어내는 인물을 상상했다. 그의 대표작 『사회계약론』에서 중심 개념은 바로 일반의지(general will)였다. 루소는 이렇게 물었다.

> "어떻게 하면 사람들이 자유로운 동시에,
> 모두가 따라야 할 정당한 법을 만들 수 있을까?"

루소는 인간의 의지를 두 갈래로 나눴다. 하나는 욕망과 이익에서 비롯되는 특수의지, 다른 하나는 도덕적 본성에서 비롯되는 일반의지다. 지도자의 임무는 단순히 다수의 욕망을 집계하는 것이 아니다. 오히려 그것을 공동체 전체의 선으로 승화시켜, 모두가 공유할 수 있는 일반의지로 이끌어내는 것이다.

여기서 중요한 구분이 등장한다. 전체의지(will of all)와 일반의지의 차이다. 전체의지는 단순히 개인적 이익의 합계일 뿐이다. 여기에선 정당성이 생기지 않는다. 반면 일반의지는 공동체의 행복과 자유를 향한다. 그것은 단순한 숫자의 합이 아니라, 도덕적 방향성을 지닌 의지다. 루소는 이 점을 철저히 구별했다.

그렇다면 지도자의 역할은 무엇인가? 루소의 국가에서 지도자는 단순한 행정 집행자가 아니다. 그는 민중이 스스로 일반의지를 인식하고 따를 수 있도록 돕는 교육자이자 계몽자다. 법과 제도를 통해 개인을 하나의 도덕적 주체로 묶어내고, 공동체 전체를 '민족정신'이라는 이름의 하나의 유기체로 엮어내는 인물이다.

따라서 루소가 그린 영웅적 지도자는 권력자가 아니라 공동체의 도덕적 에너지를 모아내는 촉매자였다. 그는 다수의 욕망을 넘어선 공공선을 드러내고, 민중이 그 길을 따를 수 있도록 안내하는 역할을 맡았다.

헤겔의 세계정신과 세계사적 개인

19세기 독일 철학자 헤겔은 영웅적 지도자상에 역사철학적 차원을 부여했다. 그의 눈에 세계사는 단순한 사건들의 나열이 아니었다. 그것은 거대한 정신, 곧 절대정신(Absolute Spirit)이 스스로를 전개해가는 과정이었고, 그 핵심은 자유 의식의 진보였다.

헤겔은 칭기스칸, 알렉산드로스, 나폴레옹 같은 인물들을 '세계사적 개인(world-historical individual(s))'이라 불렀다. 이들은 우연히 역사 무대에 나타난 사람이 아니다. 오히려 세계정신이 자신을 실현하기 위해 선택한 도구이자 매개자였다. 그들의 정복과 정치적 결단은 단순한 개인의 행위가 아니라, 세계사의 진보를 밀어붙이는 동력이었다. 그러나 아이러니하게도, 정작 그들 자신은 자신이 어떤 거대한 과업을 이루고 있는지 제대로 알지 못했다. 헤겔은 이 역설을 '이성의 간계(cunning of reason)'라고 불렀다. 이성은 개인의 욕망과 야망을 이용해, 더 큰 목적을 성취한다는 것이다.

헤겔에 따르면 자유의 역사는 단계적으로 확장된다. 처음에는 단 한 사람만이 자유로운 전제정에서 출발한다. 이어

귀족적 정체에서는 소수만 자유를 누린다. 그리고 마침내 게르만-기독교 전통 속에서 '인간 일반은 모두 자유롭다'는 의식이 형성되었다고 본다. 세계사는 바로 이런 자유의식의 확대 과정으로 읽혀야 한다.

이 지점에서 헤겔의 영웅관은 플라톤과 대조적이다. 플라톤의 철인군주는 욕망을 철저히 억제하고 사익을 버려야 했다. 반면 헤겔의 영웅은 야망을 은폐하지 않는다. 나폴레옹처럼 권력 의지와 팽창 충동을 드러내지만, 그 사적 동력은 역사정신의 진전을 매개한다. 즉, 개인의 욕망과 세계사의 진보가 맞물릴 때, 그는 비로소 세계사적 인물이 된다.

따라서 헤겔이 본 영웅은 단순히 덕의 화신이 아니다. 그는 역사의 거대한 흐름을 매개하는 존재이며, 동시에 그 속에서 자신을 실현하는 주체다. 개인의 삶과 야망은 결국 더 큰 무대인 세계정신의 진보 속에서 의미를 획득한다. 이것이 바로 헤겔이 제시한 영웅의 독특한 위치였다.

마키아벨리의 군주: 목적의 정당화를 아는 현실주의자

앞서 살펴본 철학자들이 이상적 덕성과 도덕적 완전성을 지도자의 핵심 요건으로 삼았다면, 니콜로 마키아벨리는 전혀 다른 각도에서 영웅적 지도자상을 제시했다. 16세기 르네상스의 피렌체. 분열된 이탈리아의 위기를 목격한 그는 『군주론』에서 단언했다.

"상황에 따라 비도덕적인 행위도 할 수 있어야 한다."

마키아벨리는 "어떻게 살아야 하는가"(당위)와 "어떻게 사는가"(현실)는 전혀 다르다고 보았다. 그는 최초로 정치와 도덕을 분리시키려 했다. 플라톤, 아리스토텔레스, 루소, 헤겔 모두가 정치의 정당성을 윤리나 도덕의 토대 위에 놓으려 했던 것과 달리, 마키아벨리는 권력의 논리를 정면으로 드러냈다. 이 점에서 그의 접근은 전통과의 단절이자, 정치학의 새로운 출발이었다.

그러나 그를 단순히 권모술수의 옹호자로 이해하는 것은 오해다. 현대 정치학자 상당수는 오히려 마키아벨리를 공화주의적 사상가로 평가한다. 그의 관심은 개인의 이익이 아니라, 끊임없이 외세와 내분에 시달린 국가의 생존에 있었다. 따라서 그의 정치사상은 '위기의 정치학'이라 불러야 마땅하다. 국가의 힘이 취약할 때, 위기는 언제든 닥칠 수 있으며, 그 위기를 돌파하는 자만이 진정한 군주가 될 수 있었다. 도덕적 완전성보다 위기 대응의 실력을 앞세우는 이 관점은, 결핍을 숨기지 않고 현실을 조직하는 오늘의 안티히어로 리더십으로 자연스럽게 이어진다.

마키아벨리의 논리를 요약하면 이렇다. 모두가 기만과 술수를 사용하는 상황에서, 지도자가 혼자 도덕적 원칙만 고집한다면 결코 권력을 획득할 수 없다. 그러나 일단 권력을 잡으면, 그 권력을 통해 민중의 생명과 자유를 더 잘 보장할 수 있다. 그렇다면 비열하거나 잔인한 수단도 국가의 생존을 위한 필요악으로 정당화될 수 있다. 도덕적 선함이 아니라, 결과적으로 민중을 지켜내는가가 지도자의 정당성을 판가름한다는 것이다.

그는 또한 지혜로운 지도자가 지켜야 할 균형을 강조했다.

> "지도자는 사회지도층 인사들에게
> 지나친 실망을 주어서는 안 되며,
> 동시에 국민들이 안심하고 살아갈 수 있도록
> 모든 노력을 기울여야 한다."

이 말은 권력 유지가 단순히 폭력이나 술수에 의존하는 것이 아님을 드러낸다. 마키아벨리는 심지어 이렇게 말하기도

했다.

"국민은 군주보다 더 현명하고, 더 일관성 있으며,
더 올바른 판단을 내릴 수 있다."

이는 그가 단순한 냉혈한 권력론자가 아니라, 국민적 지지와 제도적 기반의 중요성을 이해한 현실주의자였음을 보여준다.

마키아벨리의 영웅은 덕의 화신이 아니다. 그는 위기의 상황에서 불가피하게 비도덕적 수단을 사용할 수 있지만, 그것은 궁극적으로 국가와 민중을 지켜내기 위한 것이어야 한다. 다시 말해, 그의 군주는 냉혹한 현실주의자이면서 동시에 공동체를 위한 수호자였다.

고전 모델의 장점과 한계

서구 정치철학에서 제시된 영웅적 지도자상에는 몇 가지 공통된 강점이 있다. 무엇보다도 이들은 지도자를 평범한 차원을 넘어서는 존재로 상정했다. 플라톤의 철인군주가 그랬듯이, 지도자는 탁월한 지혜와 덕성을 갖춘 자여야 했다.

아리스토텔레스 역시 공동체를 위한 중용의 선택을 체화한 인물을 이상적 정치가로 그렸다. 즉, 영웅은 언제나 범인의 한계를 넘어서는 탁월성을 전제로 했다.

또 다른 중요한 덕목은 공공선에 대한 헌신이었다. 마키아벨리조차도 군주의 목적을 개인의 욕망이 아니라 국가와 민중의 생존에서 찾았다. 고전적 의미의 영웅은 자기 이익이 아니라 공동체 전체의 복리를 지향해야 한다는 전제를 떠나지 않았다.

영웅은 또한 단순한 권력자가 아니라 교육자였다. 플라톤에게 철인군주는 진리를 가르치는 스승이었고, 아리스토텔레스에게 지도자는 덕을 습득하도록 시민을 이끄는 교육자였다. 루소가 그린 리더 역시 일반의지를 구현할 수 있도록 민중을 계도하는 존재였다. 영웅은 명령하는 자이자 동시에 가르치는 자였다.

더 나아가, 영웅은 시대적 맥락을 짊어진 존재로 그려졌다. 헤겔의 세계사적 개인에서 분명히 드러나듯이, 지도자는 단순히 정치적 운영자가 아니라 역사를 전진시키는 사명의 주체였다. 그들의 존재 자체가 시대정신을 상징했다.

하지만 이런 고전적 모델에는 뚜렷한 한계도 있었다. 무엇보다 그것은 지나치게 비현실적이었다. 플라톤의 철인군주처럼 재산도 가족도 없이 오직 지혜와 덕만을 추구하는 인물이 과연 실제로 존재할 수 있을까? 역사가 보여준 답은 "아니오"였다. 이상은 숭고했지만 현실과는 거리가 멀었다.

 또 다른 한계는 엘리트주의였다. 고전의 모든 모델은 소수의 탁월한 인간이 다수를 이끌어야 한다는 전제를 깔고 있었다. 이는 민주주의의 평등 이념과 충돌한다. 누가 더 탁월한지를 판단하는 순간, 곧 누가 다수를 지배할 권리를 갖는가라는 문제로 이어지기 때문이다.

 권력의 속성을 과소평가한 점도 치명적이었다. 플라톤과 아리스토텔레스는 권력이 인간을 어떻게 변형시키는지를 충분히 고려하지 못했다. 권력을 쥐는 순간, 철인이라도 변할 수 있다. 권력 자체가 지닌 유혹과 타락의 힘은 고전적 이상이 제대로 다루지 못한 영역이었다.

 마지막으로, 고전적 모델은 대중의 역할을 지나치게 단순화했다. 대중은 언제나 가르침을 받아야 하는 피교육자, 계몽되어야 하는 피통치자로만 그려졌다. 그러나 실제 역사는 그렇지 않았다. 민중은 때로 지도자의 기대와 예상을 뛰어넘어 스스로 역사의 방향을 바꾸었다. 고전 모델은 그 역동성과 창의성을 인정하지 못했다.

영웅 서사가 가능했던 정치·사회적 조건

영웅적 지도자상이 오랫동안 설득력을 가질 수 있었던 것은 단순히 사상가들의 상상력 때문이 아니었다. 당시의 정치·사회적 조건이 그러한 모델을 뒷받침했기 때문이다. 무엇보다도 정보가 제한되어 있었다. 고대부터 근세까지 사람들은 지도자의 일상이나 사생활을 거의 알 수 없었다. 지도자는 공식 행사나 전쟁터 같은 극히 제한된 장면에서만 모습을 드러냈다. 이런 환경은 지도자를 신비화하고, 이상화된 이미지로 포장하기에 유리했다.

사회적 위계질서 역시 굳건했다. 신분제가 당연시되던 시대에는 지배층과 피지배층 사이에 넘을 수 없는 벽이 있었다. 이 거리감은 지배층을 특별한 존재로 보이게 했고, 왕과 귀족은 마치 하늘의 뜻이나 혈통의 힘을 대리하는 인물처럼 받아들여졌다. 종교적 권위도 큰 역할을 했다. 고대와 중세에서 정치 권력은 종교적 정당성과 분리될 수 없었다. 지도자는 신의 뜻을 대행하거나 신의 축복을 받은 존재로 여겨졌다. 이 배경은 지도자에게 도덕적 완전성을 요구하는 기대를 더욱 강화했다.

또한 교육이 제한적이었다. 대다수 민중은 글을 읽지 못했고, 정치철학을 접할 기회도 없었다. 복잡한 현실을 분석하기보다는 단순하고 직관적인 영웅의 이야기에 더 쉽게 설득되었다. 영웅은 이해하기 쉽고 따르기 편한 서사였다. 당시에는 미디어도 부재했다. 신문, 방송, 인터넷이 없던 시대에는 지도자의 모순이나 실책이 널리 퍼질 수 없었다. 지도자는 자신의 약점을 감추고 이상적 이미지를 유지하기가 상대적으로 쉬웠다.

마지막으로 중요한 조건은 생존의 절박성이었다. 고대와 중세, 근세까지 전쟁은 일상이었고, 정치적 실패는 공동체의 몰락으로 직결되었다. 사람들은 공동체를 지켜줄 초인적 존재, 완벽한 지도자를 갈망할 수밖에 없었다.

이처럼 정보의 제한, 위계적 사회 구조, 종교적 정당화, 교육 수준의 한계, 미디어의 부재, 생존의 절박성 같은 조건들이 모여 영웅 서사가 힘을 발휘할 수 있는 토양을 만들었다. 그러나 지금은 정반대의 시대다. 정보는 실시간으로 공유되고, 신분제는 무너졌으며, 종교적 권위는 세속화 속에서 약화되었다. 교육은 보편화되었고, 미디어는 오히려 지도자의 결함을 확대해 퍼뜨린다. 무엇보다 오늘날 시민들은 더 이상 생존을 위해 초인적 지도자를 의지하지 않는다.

바로 이런 변화 속에서 고전적 영웅 모델은 설득력을 잃었고, 우리는 안티히어로라는 새로운 정치적 리더십 유형을 이해할 길목에 서게 되었다.

영웅 서사의 종말

영웅을 가능하게 했던 무대는 20세기에 들어 급격히 무너졌다. 대중교육은 시민들에게 비판적 사고를 길러주었고, 언론은 권력자의 사소한 일거수일투족까지 기록하기 시작했다. 민주주의의 확산은 권위를 해체했고, 21세기 SNS의 등장은 그 과정을 폭발적으로 가속했다. 이제 지도자의 사생활과 정치적 행보는 실시간으로 중계된다. 감정과 심리마저 대중의 눈앞에 투명하게 드러나는 시대다. 완벽한 가면을 쓴 채 살아가는 것은 더 이상 불가능하다.

그러나 무너진 것은 단지 조건이 아니었다. 대중의 욕망 자체가 변했다. 한때 사람들은 자신보다 월등히 뛰어난 존재를 갈망했다. 영웅은 평범한 인간을 넘어서는 초월적 상징이었다. 하지만 오늘날 대중은 다르다. 이제 사람들은 닮은 리더를 더 신뢰한다. "저 사람도 나처럼 실수할 수 있다"는 공감이, "저 사람은 다른 차원의 존재다"라는 경외심보다 더 큰 힘을 발휘한다. 완벽성보다 불완전성, 초월성보다 친밀성이 새로운 정치적 매력의 원천이 된 것이다.

심리·사회학 연구도 이 변화를 뒷받침한다. 1966년 사회심리학자 엘리엇 애런슨과 동료들의 실험은 '프랫폴 효과(Pratfall Effect)'를 입증했다. 능력 있는 사람이 작은 실수를 드러낼 때 오히려 호감도가 올라간다는 결과였다. 완벽함보다는 인간적 결점을 드러낸 인물이 더 신뢰를 얻는다는 것이다. 또한 1956년 호턴과 울은 대중이 방송·스크린 속 인물을 실제 친구처럼 느끼는 '파라소셜 상호작용(parasocial interaction)' 개념을 제시했다. 오늘날 SNS 시대에는 이 효과가 더욱 증폭되어, 정치인의 소소한 일상이나 감정 표현이 친근감과 충성도를 끌어올린다.

2000년대에 들어와 심리학자 커니스와 골드만은 '진정성(authenticity)'을 인간관계 신뢰의 핵심으로 강조했다. 대중은 완벽하게 포장된 인물보다 자신의 한계와 결함을 솔직히 드러내는 지도자에게서 진정성을 감지한다. 이런 연구들은 안티히어로적 리더십이 단순한 문화적 유행이 아니라, 인간 심리의 보편적 메커니즘 위에 서 있음을 보여준다. 결함과 자기고백은 단점이 아니라 오히려 신뢰의 자원이 된다. 최근 정치커뮤니케이션 연구에서도 '공감 가능한 리더십(relatable leadership)'이 대중 신뢰의 핵심 코드로 부상했음이 확인된다. 다시 말해, 정치 지도자는 완벽함으로 존경받기보다 불완전함으로 신뢰받는 시대가 열린 것이다.

결국 고전적 영웅 서사는 설득력을 잃었다. 대중은 더 이상 플라톤이 그린 철인군주나 루소가 꿈꾼 민족정신의 구현자를 기다리지 않는다. 그 자리를 차지한 것은 불완전하고 모순적이며, 때로는 추악하기까지 한 새로운 정치적 유형이다. 그러나 바로 그 불완전함 때문에 오히려 신뢰를 얻는 이들. 우리는 지금, 플라톤이 꿈꿨던 초월적 철인군주의 시대가 아니라, 인간적 결함과 불완전성이 오히려 신뢰의 자원이 되는 안티히어로의 시대에 살고 있다.

<표1: 안티히어로 개념 비교>

구분	영웅	안티히어로
정당성 원천	초월적 덕목·희생	결핍·인간적 솔직함
커뮤니케이션 코드	연설·상징·신화	유머·실수·비속어
도덕성 처리	흠 없는 덕목 강조	불완전성 인정
동원 기제	카리스마·전승 신화	'나도 저럴 수 있다' 공감
제도관계	제도 수호	제도 밖에서 신뢰 획득

2장
영웅에서 안티히어로로
"거대 서사의 붕괴와 새로운 문법"

2004년 3월, 한국 정치사에서 전례 없는 장면이 펼쳐졌다. 노무현 대통령 탄핵 가결(3월 12일)에 반발해 젊은 시민들이 촛불을 들고 거리로 나온 것이다. 이는 2002년 효순·미선 사건 촛불집회와는 본질적으로 달랐다. 2002년의 촛불은 시민단체 연합이 기획하고 조직한 것이었다. 지도부가 있었고, 의제가 있었으며, 움직임은 구조화되어 있었다.

그러나 2004년 탄핵 반대 촛불은 포털 게시판과 인터넷 커뮤니티를 매개로 자발적 참여가 확산됐다. "누군가가 조직했으니 따라가야 한다"가 아니라, "우리 스스로 나서야 한다"는 참여였다. 이는 단순히 집회의 형식이 달라진 사건이 아니었다. 정치적 의사소통의 구조 자체가 수직에서 수평으로 전환되고 있다는 신호였다.

2000년대 초 한국 정치 소통은 포털 게시판과 인터넷 커뮤니티(2002)를 매개로 수평 네트워크화되기 시작했고, 2008년에는 '다음 아고라'가 오프라인 촛불집회를 촉발했다. 이후 트위터(2006, 한국은 2009년 전후 확산)와 페이스북(2004, 한국은 2009년 이후 대중화)까지 등장하면서, 정치인-언론-시민으로 이어지던 위계적 회로가 무너졌다. 과거의 정치 커뮤니케이션은 위계적이었다. 정치인이 언론을 거쳐 메시지를 내면 시민들은 이를 일방적으로 수용했다. 언론은 필터 역할을 하면서 동시에 정치인의 이미지를 세심하게 가공해 주었다.

그러나 SNS는 이 중간자를 제거했다. 정치인은 이제 시민과 직접 소통할 수 있게 되었지만, 동시에 자신을 가려주던 방패를 잃었다. 그들의 발언, 표정, 심리까지 실시간으로 노출되었다. 역설적이게도 완벽하게 준비된 메시지보다 날것의 감정이 더 큰 신뢰를 얻는 환경이 조성되었다.

이 새로운 문법은 곧 정치적 행위 자체를 바꾸어놓았다. 2008년 미국산 쇠고기 수입 반대 촛불집회는 전통적 시민단체의 주도가 아니라 '다음 아고라'가 여론 결집의 허브로 작동했다. 여중고생과 주부들이 대거 참여했다는 점은 그 상징성이 크다. 조직된 틀 바깥의 사람들이 디지털 공간을 통해 직접 정치에 참여하기 시작한 것이다.

투명성 혁명과 완벽함의 몰락

SNS와 인터넷의 확산은 정치에 일종의 '투명성 혁명'을 가져왔다. 24시간 뉴스 채널, 실시간 인터넷 기사, 개인 블로그와 SNS는 지도자의 발언뿐 아니라 사생활까지도 노출시켰다. 이제 정치인은 단순히 국회 연단이나 외교 무대에서 평가받는 존재가 아니다. 가족 관계, 일상의 취향, 즉흥적 반응까지 모두 정치적 자산이자 위험 요소가 되었다.

이 환경은 전통적인 '완벽한 지도자' 이미지를 유지하기를 거의 불가능하게 만들었다. 완벽해 보이려 애쓸수록 작은 결함이 드러날 때의 충격은 더 크게 다가왔다. 오히려 처음부터 자신의 한계를 인정하고 드러내는 정치인들이 '솔직하다', '인간적이다'라는 신뢰를 얻기 시작했다. 완벽함은 의심을 불렀고, 불완전함은 공감을 낳았다. 동일한 실수라도 은폐하면 정치적 비용이 치솟지만, 즉시 인정하고 새로운 의미로 프레이밍하면 오히려 비용이 줄어든다. '실수의 신호가 진정성을 증명한다'는 프랫폴 효과가 SNS 시대에 증폭된 것이다.

2002년 한일 월드컵은 이러한 변화를 상징적으로 보여주는 사건이었다. 거리응원은 기존의 조직된 응원과 달랐다. 시민들이 스스로 광장에 모여 '붉은 악마'라는 자발적 집단을 형성했다. 지도자도, 중앙조직도 없었다. 그저 같은 열정을 공유한 사람들이 네트워크를 통해 자연스럽게 결집한 것이었다. 이는 '지도자 중심'에서 '참여자 중심'으로 무게가 이동하는 새로운 집단 행위의 문법을 보여줬다.

정치도 같은 방향으로 움직였다. 거대한 이념이나 추상적 비전보다는 개인의 경험과 감정이 중요해졌다. 시민들은 국가 발전이라는 거대 목표보다 일자리, 교육, 주거 같은 구체적 일상의 문제에 더 관심을 두었다. 정치인의 설득력도 거대 서사에서가 아니라, '나도 저런 고민을 한다'는 친밀감에서 나왔다.

이런 변화에 민감하게 반응한 정치인들은 새로운 방식으로 대중의 마음을 얻었다. 화려한 수사나 엄격한 이미지 관리 대신, 때로는 실수하고, 때로는 감정을 드러내는 모습이 오히려 매력으로 작용했다. 전통적인 영웅 서사가 붕괴한 자리에, 불완전함을 자산으로 삼는 안티히어로적 정치인이 설 자리가 마련된 것이다.

대중의 욕망 변화: 완벽함에서 친근함으로

전통적 정치 문화에서 시민들은 자신보다 '위에 있는' 지도자를 원했다. 더 똑똑하고, 더 도덕적이며, 더 능력 있는 사람에게 나라를 맡기고 싶어 했다. 이는 권위주의 시대의 산물이기도 했지만, 동시에 전쟁과 산업화 같은 급속한 사회 변화 속에서 확실한 지도력을 갈망한 심리의 반영이기도 했다. 영웅은 단지 권력자가 아니라, 불안한 시대를 안정시켜줄 구심점이었다.

그러나 2000년대 들어 이 욕망은 눈에 띄게 달라졌다. 교육 수준이 높아지고 정보 접근성이 확대되면서 시민들의 정치의식은 성숙했다. 단순한 권위 숭배보다 소통과 공감을 중시하는 방향으로 이동했다. 경제적 안정화 역시 중요한 배경이었다. 생존이 절박한 시대에는 강력한 지도자가 필요했지만, 생활 수준이 향상된 사회에서는 삶의 질, 공정성, 존중 같은 가치가 정치적 욕망의 중심에 자리 잡았다.

이러한 변화는 미디어 소비 패턴에서도 선명히 드러났다.

1990년대까지 뉴스는 권위 있는 앵커가 객관성을 강조하며 전달하는 것이 표준이었다. 그러나 2000년대 이후 사람들은 딱딱한 '정보 전달'보다 진행자의 개성과 출연자들의 솔직한 대화를 더 선호하기 시작했다. 정치 프로그램도 마찬가지였다. 정제된 연설보다 토론 프로그램, 예능적 형식을 가미한 대담이 더 큰 호응을 얻었다.

 정치의 현장도 달라졌다. 거대한 이념을 담은 선언보다 일상 언어로 나누는 대화가 더 진정성 있게 받아들여졌다. 완벽하게 준비된 정책 발표보다 실수를 인정하고 사과하는 모습에서 인간적 매력을 발견했다. 특히 젊은 세대는 권위를 의심하고 친근함을 신뢰하는 경향을 보였다. SNS를 통해 정치인의 말투와 표정, 즉흥적인 감정 반응을 직접 보면서, 그들이 얼마나 '인간적인가'를 평가하는 시대가 열린 것이다.

 결국 대중의 욕망은 "완벽한 영웅"에서 "불완전하지만 친근한 리더"로 옮겨갔다. 이는 단순한 기호 변화가 아니라, 민주주의 사회의 성숙, 정보 환경의 변화, 생활 수준의 향상이라는 구조적 요인에서 비롯된 흐름이었다. 그리고 이 변화가 바로 '안티히어로'가 대중적 정치 서사의 중심으로 부상할 수 있는 토양이 되었다.

새로운 정치인의 등장: '다른' 배경의 힘

이러한 환경 변화 속에서 전통적 정치 엘리트와는 다른 배경을 지닌 인물들이 주목받기 시작했다. 이들은 영웅 서사의 주인공처럼 흠결 없는 코스를 밟지 않았다. 오히려 그 '다름'이 대중에게 새로운 신뢰의 언어가 되었다.

대표적 사례가 2020년 창당된 시대전환의 조정훈이다. 상문고·연세대 경영학과를 거치며 공인회계사 시험에 합격했고, 하버드 케네디스쿨에서 국제개발을 전공했다. 이후 세계은행에서 15년간 나이지리아·코소보·방글라데시·팔레스타인 등에서 현장 중심의 개발 업무를 수행했다. 전통 정치의 이력서에서는 보기 드문, 철저히 국제적이고 실무적인 경력이다. 겉으론 엘리트 경력처럼 보이지만, 정치 무대에서 그가 내세운 핵심은 '차이'였다. 스스로를 기존 정치권의 연장선이 아닌, 글로벌 감각과 개발 경험을 장착한 아웃사이더로 규정했고, 그 이질성을 정치 자산으로 전환했다.

이 자산은 의사결정의 방식에서도 드러났다. 시대전환이 자신을 "플랫폼 정당"으로 정의하며 당원·비당원을 막론한 개방형 참여를 설계한 것은, 수직적 권위와 위계가 지배하던 정당 구조에 대한 노골적 도전이었다. 정당성의 원천이

'엘리트 자격'에서 '참여와 자발성'으로 이동하고 있음을 보여준 사례다.

한국정치에서도 이러한 '적대의 정치학'이 구현되는 사례들이 있다. 예를 들어, 일부 정치인들은 '0선'이라는 경력 부족을 오히려 '기득권과의 단절'로 재해석하고, 당적 이동을 '실용주의'로 프레이밍 한다. 세대 갈등을 정치화하거나 절차적 균형을 무기로 다수 권력과 맞서는 방식도 나타난다.

하버마스에서 라클라우·무페로: 정치철학의 패러다임 전환

이 변화는 단순한 정치 기법의 문제가 아니다. 정치 자체에 대한 관점, 곧 정치철학의 근본적 틀이 달라지고 있음을 의미한다. 이를 이해하기 위해서는 20세기 후반 서구 정치사상을 지배했던 흐름과 그에 대한 도전을 함께 살펴볼 필요가 있다.

1980년대까지 서구 정치철학을 이끈 대표적 사상가는 위르겐 하버마스였다. 그는 『의사소통행위이론』(1981)에서 정치의 이상을 '이상적 언어 상황'에서 찾았다. 모든 참여자가 강제 없이 동등한 지위에서 토론하고, 오직 더 나은 논리만이 승리하는 상황 — 이것이 민주주의의 참모습이라는 것이다.

하버마스의 틀에 따르면 민주주의는 합리적 토론을 통해 합의에 도달하는 과정이다. 정치인은 시민을 설득해야 하고, 시민은 사적 이해관계를 넘어 공공선을 추구해야 한다. 이 과정에서 공론장이 핵심적 기반으로 작동한다. 공론장은 시민이 자유롭고 평등하게 의견을 교환하는 장이자 민주주의의 토대였다.

그러나 1980년대 후반, 이러한 합의 중심 모델은 근본적 도전에 직면했다. 에르네스토 라클라우와 샹탈 무페가 『헤게모니와 사회주의 전략』(1985)에서 제시한 '급진적 민주주의'가 그것이다. 라클라우와 무페는 사회를 본질적으로 분열된 공간으로 보았다. 이해관계와 정체성은 언제나 충돌하며, 이 갈등은 결코 합리적 토론으로 완전히 해소될 수 없다는 것이다.

따라서 정치의 본질은 합의가 아니라 적대, 곧 대립과 충돌이다. 정치는 불가피하게 특정 집단이 헤게모니를 장악하는 과정이며, 승자는 복잡한 사회 현실을 단순한 대립 구도로 재구성하고 지지자들에게 명확한 정체성을 부여한다. 이런 관점에서 정치인은 더 이상 합리적 설득자가 아니라, 정치적 대립을 효과적으로 조직하고 동원하는 자로 바뀐다.

이 관점은 갈등을 없애는 대신 관리한다. 하버마스가 합리적 토론을 통한 합의를 이상으로 삼았다면, 라클라우·무페는 합의의 완전한 달성은 불가능하다고 본다. 정치는 본질적으로 경쟁하는 정체성의 조직이며, 승자는 갈등을 제도 안으로 묶어 다룬다. 안티히어로의 부상은 바로 이 전환 위에서 이해된다. 완전함을 약속하지 않지만, 갈등을 숨기지 않고 조직한다는 점이 핵심이다.

하버드 대학교의 스티븐 레비츠키와 대니얼 지블랫은 그들의 저서 『어떻게 민주주의는 무너지는가』(How Democracies Die, 2018)에서 "민주주의를 지키는 건 헌법 같은 '제도'가 아니라 상호관용이나 제도적 자제와 같은 '규범'"이라고 강조했다. 안티히어로 정치의 부상은 바로 이러한 규범의 변화가 현실 정치에 반영된 결과이기도 하다.

적대의 정치학: 갈라치기의 이론적 배경

윈스턴 처칠은 "민주주의는 지금까지 시도된 다른 통치체제를 제외하면 최악의 통치체제이다(It has been said that democracy is the worst form of government except all the others that have been tried)"라고 말했다. 이 역설적 표현은 민주주의의 불완전성을 인정하면서도 그것이 최선의 선택임을 보여준다. 적대의 정치학은 바로 이런 민주주의의 불완전성을 제도화한 접근법이라 할 수 있다.

라클라우와 무페의 '적대의 정치학'은 2000년대 이후 한국 정치에서 두드러진 '갈라치기' 현상을 이해하는 중요한 열쇠를 제공한다. 전통적인 정치에서는 가능한 한 모든 사람에게 좋은 소리를 하려 했다. 갈등을 회피하고 화합을 추구하는 것이 지도자의 덕목으로 여겨졌다. 그러나 라클라우와 무페의 관점에 따르면 정치란 애초에 합의가 아닌 대립과 적대에서 출발한다. 그렇기 때문에 새로운 정치에서는 갈등을 만들어내고 그것을 명확히 드러내는 것이 오히려 효과적인 전략이 된다.

이준석이 20·30세대와 40·50세대를 대립 구도로 묶거나, 젠더 문제를 전면에 배치해 세대·성별 갈등을 정치의 무대로 끌어올린 것은 단순한 포퓰리즘적 자극이 아니었다. 그것은 '적대의 정치학'에 충실한 실험이었다. 복잡한 사회적 이해관계를 단순한 구도와 언어로 재편해 지지자들에게 명확한 정체성과 투쟁의 방향을 제시한 것이다.

조정훈 또한 유사한 방식으로 "기득권 대 개혁세력"이라는 대립 프레임을 반복해 제시했다. 그러나 그의 경우, 이 프레임은 단순한 구호가 아니라 실제 행동에서 드러났다. 국회 법사위에서 민주당이 밀어붙이던 다수의 법안에 맞서 절차적 균형을 요구했고, 국민의힘으로 합류한 이후에는 총선백서위원장이라는 불편한 자리를 맡아 조직의 실패를 기록하는 역할을 감수했으며, 당시 압도적 지지를 받던 한동훈 대표와도 공개적으로 각을 세웠다.

이 모든 행보는 '다수와의 충돌'을 정치적 자산으로 삼은 선택이었다. 갈등을 만들어내는 것이 목적이 아니라, 다수결의 힘이 모든 것을 덮어버리는 순간에도 균형과 검증의 공간을 지켜내려는 의지였다. 다시 말해, 이준석이 적대의 정치학을 대중 동원 전략으로 활용했다면, 조정훈은 그것을 안티히어로적 실천으로 끌어올린 셈이다. 다수 권력과의 대립을 피하지 않고 감수함으로써, 그는 대중에게 단순한 이념이나 충성보다 '절차와 균형을 수호하는 정치'의 이미지를 선명히 각인시켰다.

SNS 환경은 이러한 경향을 가속화한다. 중립적이고 모호한 메시지는 쉽게 묻히지만, 감정을 자극하는 선명한 언어는 곧바로 확산된다. '좋아요'와 '공유'는 차가운 합리적 동의가 아니라 뜨거운 감정적 반응을 전제로 한다. 정치인들이 날카로운 언어, 때로는 공격적 언어를 사용하는 이유가 여기에 있다. 이는 합리적 토론의 정치에서 정체성 동원의 정치로, 하버마스에서 라클라우·무페로 이동한 패러다임이 현실에서 구현된 사례라 할 수 있다.

그러나 이러한 전략에는 분명 위험도 존재한다. 갈등이 과도하게 조장될 경우 사회 통합은 더욱 어려워진다. 복잡한 현실이 지나치게 단순화될 위험 또한 크다. 이준석의 젠더 프레임이 강한 반발을 불러왔던 이유도, 실제 사회문제를 단순한 적대 구도로만 해석하려 했기 때문이다. 결국 적대의 정치학은 민주주의를 활력 있게 만들 수도 있지만, 동시에 민주주의의 파편화를 심화시킬 수도 있는 양날의 검이다.

약점의 전략화: 결핍이 자산이 되는 메커니즘

안티히어로 정치의 본질은 약점을 전략화하는 데 있다. 전통적인 정치에서 약점은 철저히 숨겨야 할 흠결이었다. 지도자는 결점을 감추고 강점만을 부각시켜야 한다는 것이 오랜 규범이었다. 그러나 새로운 정치 환경에서는 오히려 약점을 드러내는 것이 매력이 된다. 결핍은 더 이상 부정적 낙인이 아니라, 정치적 자산으로 전환된다.

이준석의 '0선' 경력은 이를 잘 보여준다. 국회의원 경험이 전혀 없는 것은 명백한 약점이었다. 하지만 그는 이를 "기존 정치권과의 차별성"으로 포장했다. 경험 부족은 곧 기득권과의 단절을 의미했고, 이는 곧 "나는 당신들과 같은 아웃사이더다"라는 메시지로 작동했다. 정치 경험의 부재는 역설적으로 새로운 정당성을 낳았다.

조정훈의 사례도 유사하다. 복잡한 당적 이동과 '정치적 일관성 부족'은 기존 정치 문법에서 심각한 약점이었다. 그러나 그는 이를 '실용주의'로 해석했다. 특정 이념이나 진영에 얽매이지 않고 문제 해결을 우선시한다는 설명은, 오히려 기득권 정치의 고정된 구도와 대비되면서 신선한 인상을 주었다.

약점이 자산으로 전환되는 데에는 세 가지 조건이 필요하다. 첫째, 프레이밍: 약점을 '기득권의 공격'이나 '청년 혁신' 같은 서사로 재부호화해야 한다. 둘째, 네트워크: 팬덤과 온라인 플랫폼이 방어·반격·모금을 자가 증식해야 한다. 셋째, 임계선: 사법적·윤리적 리스크가 일정 수준 이하일 때만 효과가 작동한다. 이 세 조건이 충족될 때, 결핍은 단순한 방어가 아니라 적극적인 정치 자산이 된다.

결국 안티히어로의 매력은 결핍을 감추지 않고, 오히려 드러내어 대중과의 연결 고리로 삼는 데서 비롯된다. 이때 약점은 단순한 방어가 아니라, 적극적인 정치적 자산으로 재구성된다. 이는 기존의 영웅 서사가 '탁월성의 과시'를 통해 정당성을 확보했다면, 안티히어로 서사는 '불완전성의 공유'를 통해 정당성을 창출한다는 점에서 근본적인 전환이다.

스캔들의 역설: 위기가 기회가 되는 순간

스캔들은 오랫동안 정치 지도자에게 '치명상'이었다. 도덕적 흠결은 곧 리더십의 종말을 의미했고, 대중 신뢰의 기준은 '흠 없는 이미지'에 가까웠다. 그러나 안티히어로 정치의 시대에는 균형추가 달라졌다. 스캔들이 완전히 무력화되지는 않지만, 특정 조건이 맞물리면 오히려 지지층 결속·자금 동원·정체성 강화의 촉매로 전환된다. 관건은 (1) 즉각적 은폐/변명 대신 책임·사과·개선으로 '인간적 신뢰'를 복원하고, (2) 갈등의 원인을 '기득권의 역공'으로 프레이밍하며, (3) 다수의 비난 속에서도 '우리 대 그들' 구도를 명료화해 집단 정체성을 공고히 하는가다.

이 메커니즘은 여러 나라에서 반복적으로 관찰된다. 미국 빌 클린턴은 하원 탄핵(1998) 정국 속에서도 직무수행 지지율이 오히려 급등했고, 탄핵 당일(1998.12.19-20) 여론조사 최고치 73%를 기록했다. 이는 '사생활 논란≠직무평가'라는 유권자 분리 판단이 작동했음을 시사한다.

도널드 트럼프는 2024년 5월 뉴욕 유죄 평결 직후 모금이 폭증해 5월 한 달 1억4100만 달러를 모았다. 대형 스캔들이 "정치적 탄압" 내러티브와 결합할 때, 지지 진영의 신속한 금전·디지털 결집을 촉발한다는 정형 사례다.

이스라엘 베냐민 네타냐후는 2019년 뇌물·사기·배임 혐의로 기소되고(재판 2020~진행 중)도 2022년 총선에서 우파 블록을 재결집해 권좌에 복귀했다. 장기 재판 국면이 오히려 "사법 엘리트 vs 보수 유권자"의 대립 구도를 지속 재생산한 전형으로 평가된다.

이탈리아 실비오 베를루스코니는 성·부패 논란과 2012년 조세사기 유죄에도 불구하고 3차례 총리를 지냈고, 퇴임 후에도 영향력을 유지했다. 스캔들이 '엘리트 기득권의 보복' 프레임과 결합할 때 장기 정치 생존이 가능함을 보여준다.

한국에선 조국이 각종 혐의·유죄 판결에도 불구하고 2024년 총선에서 '조국혁신당'을 이끌어 비례 12석을 확보하며 제3세력으로 도약했다. '검찰 권력 남용' 프레임이 강력한 정체성 접착제로 작동한 경우다(이후 상고심 확정으로 의원직 상실).

반대로, 스캔들이 '도덕성-직무능력'의 결합 프레임으로 굳어질 때는 역전 효과가 제한되거나 붕괴로 귀결된다. 박근혜는 '국정농단' 이후 지지율이 4~5%로 추락했고, 2016.12.9 국회 탄핵소추안이 가결·2017.3.10 헌재 파면까지 이어졌다. '사적 네트워크의 공적 권한 침해'라는 구조적 분노가 결집했기 때문이다. 영국 보리스 존슨의 '파티게이트'는 내부 총사퇴 도미노를 촉발, 2022.7.7 사임으로 귀결됐다. 정권 내부의 신뢰 붕괴가 촉발점이 되면, '박해 프레임'보다 '책임 회피' 인식이 우세해지는 전형이다.

한국 보수 진영의 맥락에서 보면, 이준석 사례는 '역설의 절반'을 보여준다. 2022년 윤리위 6개월 당원권 정지(7월)와 추가 1년(10월) 등 중징계에도 불구하고, 그는 이후 개혁신당을 창당해 2024년 총선에서 의석을 확보했다. 스캔들이 당내 기득권과의 대립·피해 서사로 재해석될 때, 일정 규모의 독자 지지집단 형성이 가능하다는 점을 시사한다(동시에, 대중 다수로 확장하는 데에는 분명한 한계도 드러났다).

정치철학적으로 이는 '덕치(德治) 중심의 도덕 완결성'에서 '정체성의 결속'과 '절차적 공정성/박해 프레임 경쟁'으로 무게중심이 이동했음을 뜻한다. 안티히어로 지도자는 결함을 숨기기보다, 결함을 둘러싼 기득권의 공격·과잉처벌 서사를 통해 "우리 편"의 윤리를 호출한다. 반면, 사안이 공적 신뢰·제도 파괴로 규정되면 역설은 작동하지 않는다—스캔들은 곧 퇴진의 기폭제가 된다.

팬덤 정치의 등장: 지지에서 사랑으로

팬덤 정치의 등장은 안티히어로 시대를 상징하는 현상 가운데 하나다. 전통적인 정치에서 지지는 주로 정책, 이념, 계급적 이해관계에 기반했다. 정당은 계급적 대표성을 바탕으로 조직되었고, 유권자는 자신에게 더 유리한 정책을 제시하는 정당을 선택했다. 그러나 2000년대 이후, 지지의 성격은 점차 '정책적 선호'에서 '개인적 애정'으로 이동하기 시작했다.

노무현 전 대통령의 '노사모(노무현을 사랑하는 사람들의 모임)'는 이러한 변화의 시초였다. 노사모는 2000년 인터넷 팬클럽 형태로 출범해, 후보의 '경력·공약'보다 인물의 서사와 소통 방식에 공명하는 지지 문화를 확산시켰다. 이는 한국 정치에서 '정치 팬덤'의 원형으로 널리 평가된다.

2016~2017년 촛불시위는 이러한 변화를 극명하게 보여주었다. 수천만 누적 인원이 참여한 대규모 집회는 영웅 한 사람보다 시민 집단이 역사를 움직이는 시대를 확인시켰고, 특히 SNS·메신저를 통한 자발적 결집이 동원 메커니즘을 바꿨다. 연구들은 당시 페이스북 사용 빈도와 참여의 상관성을 확인했고, 누적 참여는 약 1700만 명으로 추정된다.

이 흐름은 곧 정치 팬덤의 전면화로 이어졌다. 2020년 이후 주요 정치인 주변에 온라인 팬카페·서포터즈·유튜브 네트워크가 빠르게 증식했고, 일부는 정당 가입·모금·오프라인 동원과 직접 결합했다. 이준석의 개혁신당은 창당 준비 사이트 개설 하루 만에 2만 명(1/4), 나흘 만에 4만 명의 온라인 가입을 모으며 '디지털 팬덤→정당 동원'의 연결 고리를 실증했다.

여기에 다음과 같은 사례 스펙트럼이 확인된다.

- **문재인 팬덤**: 집권기 이후에도 '달빛기사단·문꿀오소리' 등 온라인 지지 커뮤니티가 자발 홍보·방어 활동을 수행하며 장기간 지속됐다.
- **이재명 '개딸'**: 2022 대선기를 거치며 '개혁의 딸들'로 불린 여성 청년층 중심의 강성 팬덤이 형성·확장되었고, 당내 의원들에 대한 압박·동원 행태가 논쟁을 낳았다.
- **윤석열 지지 커뮤니티**: 대선기·탄핵 정국을 거치며 슬로건·노래·팬클럽 성격의 활동(일부는 '윤어게인' 구호 사용)이 등장했고, 법원·구치소 인근 집회, 전화 항의, 굿즈 소비 등 감정 공동체적 동원이 관찰됐다.
- **한동훈 팬덤**: '위드후니' 등 네이버 팬카페 회원 급증, 전당대회 국면의 현장 응원과 오프라인 모임 증가 등, 보수권 최초의 본격 팬덤화로 주목. 일부 매체는 팬덤의 당내 책임당원 전환 흐름을 보도했다.

결국 한국 정치에서 팬덤은 특정 정치인의 정책적 노선보다 인물의 이미지·스타일·투쟁 서사에 집중하며, 전통적 지지 기반을 대체하는 현상으로 자리 잡았다.

팬덤 정치의 핵심은 '포용성'이다. 정책적 실패나 개인적 결함조차 '성장 과정', '인간적 매력'으로 해석된다. 전통적 정치 지지에서는 약점이 곧 신뢰의 붕괴로 이어졌지만, 팬덤 정치에서는 약점이 지지의 동력으로 전환된다. 이는 안티히어로 정치와 정확히 맞물린다. 팬덤은 지도자의 결핍을 감싸 안음으로써 그 결핍을 서사의 일부로 만들어낸다.

그러나 팬덤 정치에는 명백한 위험도 따른다. 첫째, 맹목적 지지는 민주주의의 견제와 균형 원리를 무력화시킬 수 있다. 합리적 비판이 '배신'으로 낙인찍히는 순간, 정치 공동체는 토론의 공간을 잃는다. 둘째, 정치인의 개인적 매력에 과도하게 의존하는 구조는 제도적 발전을 저해한다. 인물 중심의 충성은 시스템의 부실을 가리고, 민주주의를 '개인 숭배'의 위험으로 몰아갈 수 있다.

  결국 팬덤 정치의 양면성은 안티히어로 정치의 성격을 그대로 반영한다. 불완전한 인간을 있는 그대로 사랑하는 새로운 정치 문화는 민주주의의 활력을 불어넣기도 하지만, 동시에 제도적 안정성을 위협하기도 한다. 이 두 가지 가능성의 긴장 속에서, 우리는 팬덤 정치를 어떻게 다뤄야 할지 근본적인 질문에 직면한다.

미디어 환경의 변화와 새로운 소통 방식

  안티히어로 정치의 부상은 미디어 환경의 급격한 변화와 떼려야 뗄 수 없다. 신문과 방송이 정치 정보의 유통을 독점하던 시대에는 정치인의 언어와 태도에 분명한 규범이 있었다. 언론의 '게이트키핑(gatekeeping)'을 통과하기 위해서는 격식 있는 언어, 권위적인 태도, 완벽한 이미지가 필수적이었다. 정치인은 대중 앞에서 결코 허점을 보여서는 안 되었고, 공적 무대에서 실수는 곧 치명적인 흠결로 간주되었다.

그러나 SNS와 개인 미디어의 등장은 이 모든 규범을 뒤집었다. 이제 정치인은 언론이라는 중간 매개 없이 직접 대중과 연결된다. 페이스북, 트위터, 인스타그램, 유튜브는 정치인이 자신의 목소리를 가공 없이 드러낼 수 있는 통로가 되었다. 중요한 점은, 이 새로운 환경에서는 기존의 격식과 권위가 오히려 불리하게 작동한다는 것이다. 형식적인 문장보다는 즉흥적인 언어가, 정제된 이미지보다 날것의 감정이 더 큰 설득력을 갖는다.

실제 사례들이 이를 잘 보여준다. 조정훈은 '요즘여의도', '마포갑보안관', '조정훈'이라는 유튜브 채널을 통해 국회의원의 일상을 드러내고, 정치 뒷이야기를 솔직하게 털어놓는다. 이는 과거 정치문화에서는 상상하기 어려운 행보였다. 하지만 오늘날에는 오히려 '솔직함'과 '인간적인 면모'로 받아들여지며 대중적 호응을 얻는다. 이준석 또한 마찬가지다. 그는 '여의도재건축조합'이라는 유튜브 채널을 운영하며, 준비된 원고보다는 즉흥적이고 직설적인 발언을 통해 지지자들과 소통한다.

 이러한 변화는 단순히 새로운 홍보 기법의 문제가 아니다. 정치 소통의 문법 자체가 전환된 것이다. SNS에서는 중립적이고 무난한 발언은 금세 잊히고, 명확하고 감정적인 메시지가 더 널리 확산된다. '좋아요'와 '공유'라는 기제는 논리적 설득이 아니라 감정적 공명을 촉진한다. 정치인들이 점점 더 날카로운 언어, 자극적인 주제, 일상의 소소한 이야기들을 강조하는 것도 이 때문이다.

 결국 미디어 환경의 변화는 '완벽한 영웅'의 시대를 종식시키고, '불완전한 안티히어로'의 시대를 열었다. 전통적 영웅이 언론을 통해 상징적으로 구축되었다면, 안티히어로는 SNS를 통해 대중과 일상적으로 연결된다. 이는 정치인에 대한 기대치 자체를 바꾸어놓는다. 사람들은 더 이상 '흠 없는 이상적 인물'을 찾지 않는다. 오히려 나와 같은 일상과 감정을 공유하는 '친근한 리더'를 더 신뢰하는 것이다.

세대교체와 정치 문화의 변화

 안티히어로 정치의 부상은 단순히 몇몇 정치인의 특이한 캐릭터 때문이 아니다. 그 배경에는 세대교체라는 구조적 변화가 놓여 있다. 2000년대 이후 본격적으로 정치에 참여하기 시작한 세대는 이전 세대와 뚜렷이 다른 정치 감수성을 지닌다.

이 세대는 권위주의의 억압을 직접 경험하지 않았다. 태어날 때부터 민주주의가 '기본값'이었고, 정치적 자유와 권리가 공기처럼 주어졌다. 따라서 지도자에게서 권위와 초월적 카리스마를 기대하지 않는다. 오히려 권위를 과시하는 태도는 낡고 불편하게 느껴진다. 그 대신 친근하고, 일상적이며, 대화 가능한 리더십을 더 신뢰한다.

또한 이들은 디지털 환경에 익숙하다. 인터넷과 SNS는 이들에게 단순한 소통 수단이 아니라 생활양식이다. 따라서 수직적 소통 구조보다는 수평적 소통 구조를 자연스럽게 여긴다. 정치에서도 마찬가지다. 일방향적 메시지 전달은 더 이상 매력적이지 않다. 대신 쌍방향 대화, 즉 피드백 가능한 정치가 새로운 기준이 되었다. 안티히어로 정치인의 직설적 언어, 즉흥적 반응, 온라인을 통한 직접 소통이 이 세대에게는 자연스럽고 매력적인 방식인 것이다.

이런 변화는 정치 지도자의 자격 요건에도 변화를 가져왔다. 나이나 경력은 과거에 비해 덜 중요해졌다. 오히려 '얼마나 새로운 감각을 갖추었는가', '얼마나 시민들과 같은 언어로 대화하는가'가 더 중요한 기준이 되었다. 조정훈이 진영을 넘어 국회의원이 되고, 이준석이 30대에 제1야당 대표가 된 것은 단순한 개인의 성취가 아니라 시대적 요구의 반영이었다. 정치 경험의 부족이 약점이 아니라, 오히려 '낡은 정치와의 단절'이라는 강점으로 전환된 것이다.

결국 세대교체는 정치문화 자체의 전환을 의미한다. 한국 정치에서 영웅 서사는 군사 권위와 민주화 카리스마라는 두 축을 거쳐왔다. 그러나 2000년대 이후 두 서사가 모두 퇴조하면서, '불완전함을 공유하는 리더'라는 안티히어로 모델이 그 빈 공간을 채우기 시작했다. 이는 한국 정치만의 특수성이 아니라, 전 세계 민주주의 사회에서 나타나는 보편적 흐름이기도 하다.

글로벌 트렌드와 한국적 특수성

안티히어로 정치의 부상은 한국만의 특수 현상이 아니다. 21세기 민주주의 국가 전반에서 비슷한 흐름이 감지된다. 트럼프는 기성 정치 언어를 무너뜨리며 '탈규범적 소통'을 무기로 삼았고, 젤렌스키는 2019년 코미디언 출신 대통령 당선에 이어 2022년 러시아 침공 이후 전시 리더십으로 국제적 신뢰를 얻었다. 브라질의 룰라도 노동운동 출신이라는 비정통적 배경을 지녔다. 즉, 전통적 영웅 대신 불완전한 인물이 전면에 선 것은 세계 민주주의의 공통된 흐름이다.

그러나 한국의 안티히어로 정치에는 고유한 특징이 존재한다. 첫째, 한국의 안티히어로는 '반지성주의'가 아니라 '고학력-아웃사이더'의 결합이라는 역설을 보인다. 이준석은 하버드 출신이지만 국회의원 경험이 없는 0선, 조정훈은 세계은행 경력의 엘리트지만 국내 정치권에서는 아웃사이더였다. 이는 한국 사회에서 학력 자본에 대한 신뢰와 세대 균열이 결합된 맥락을 반영한다. 미국이나 남미의 포퓰리스트가 종종 반지성주의와 연결되는 것과 달리, 한국의 안티히어로들은 '고학력 아웃사이더'라는 독특한 위치에서 힘을 얻는다. 이는 한국 사회가 교육을 통해 신분 상승을 이뤄온 경험, 즉 '학력 자본'에 대한 신뢰가 여전히 강하다는 점과 무관하지 않다.

둘째, 정체성 정치의 기준이 달라졌다. 서구에서 반체제 정치가 주로 이념적 좌우 구도로 나타나는 반면, 한국에서는 세대와 배경이 더 중요한 구분선이 된다. 젊은 세대냐, 기성 세대냐. 기득권이냐, 아웃사이더냐. 이는 민주화 이후 한국 사회에서 이념 갈등보다 세대 갈등이 정치적 상징 자원을 더 많이 흡수하고 있기 때문이다.

셋째, 뉴미디어 활용 능력이다. 한국 정치의 안티히어로들은 SNS와 유튜브 등 새로운 매체를 가장 적극적으로 활용하는 집단이다. 전통 언론을 거치지 않고 직접 대중과 소통하면서, 기존 정치 문법을 우회하는 능력이 탁월하다. 이는 단순히 소통 방식의 변화가 아니라 정치 권력 구조의 변화를 의미한다. 정보의 중개자를 건너뛸 수 있다는 점에서, 정치인은 더 취약해지고 동시에 더 자유로워졌다.

결국 한국의 안티히어로 정치는 글로벌 트렌드와 한국적 맥락이 결합된 독특한 형태다. 전 세계가 공유하는 '불완전한 지도자에 대한 매력'이라는 흐름 속에서, 한국은 교육 자본, 세대 갈등, 디지털 매체라는 고유한 요소들이 작동하고 있다. 이 교차점에서 한국식 안티히어로 정치가 만들어지는 것이다.

안티히어로 정치의 한계와 과제

안티히어로 정치는 기존 정치의 경직된 문법을 깨뜨리고 시민과 정치인을 더 가깝게 만들었다는 점에서 새로운 가능성을 열어주었다. 완벽한 영웅 대신 불완전한 인간을 전면에 내세우는 방식은 더 많은 사람들을 정치 참여로 끌어들이고, 민주주의를 보다 생동감 있게 만들었다.

그러나 동시에 이 정치 양식에는 간과할 수 없는 한계가 존재한다. 무엇보다도 특정 인물의 개성과 카리스마에 과도하게 의존하는 구조가 문제다. 개인이 정치적 무대에서 퇴장하거나 신뢰를 잃을 경우, 함께 구축된 정치적 동력도 사라져버릴 위험이 크다. 제도적 안정성 대신 개인의 흥망성쇠에 정치가 종속되는 것이다.

또한 '적대의 정치'를 전략적으로 활용하는 성격도 두드러진다. 여기서 말하는 '적대의 정치'란 정치적 이익을 위해 의도적으로 편 가르기와 갈등 구도를 조장하는 행태를 뜻한다. 안티히어로 정치인은 자신을 대립적 구도 속에 위치시키고, 지지자들에게 명확한 적대 대상을 제시한다.

이러한 갈등 조장은 단기적으로 강력한 결집 효과를 내지만, 장기적으로는 사회 통합을 해치고 민주주의의 토대를 위협할 수 있다. 예컨대 온라인상에서 진영 간 논쟁을 부추겨 지지층을 결집시키는 전략들이나, 선거 때마다 반복되는 편 가르기식 구호와 네거티브 공방이 적대의 정치에 해당한다.

특히 한국 정치에서 이준석의 젠더 갈라치기, 조정훈의 운동권 정치 청산 같은 사례는 대중의 분노를 자극해 세를 확장하는 동시에, 사회의 균열을 깊게 만드는 이중성을 드러냈다. 갈등의 정치가 과도해지면 공공선의 추구보다는 특정 집단의 정체성 강화에만 매달리게 되고, 이는 정치적 성과와 정책적 합의 형성을 더욱 어렵게 만든다.

정책보다 이미지에 치중하는 경향도 뚜렷하다. 안티히어로 정치인은 솔직한 발언, 파격적인 행보 같은 행위로 강한 주목을 받는다. 하지만 그런 상징적 제스처만으로는 복잡한 사회문제를 해결할 수 없다. 결국 정치는 제도 개혁과 정책 집행의 능력에서 정당성을 획득한다. 미국의 트럼프 사례는 이런 안티히어로 정치의 위험성을 단적으로 보여준다. '아웃사이더'와 '솔직함'을 내세워 대중의 지지를 얻었지만, 실제 행정에서는 혼란과 분열을 키웠다.

반면 젤렌스키의 경우 배우 출신의 비정통적 배경과 소탈한 소통 방식으로 인기를 얻었으며, 러시아의 침공 이후에는 실제 전시 지도력으로 국제적 신뢰까지 확보하는 성과를 거두었다. (물론 이러한 리더십이 장기적으로도 유효할지는 지켜볼 일이다.)

따라서 안티히어로 정치가 민주주의를 해치는 변칙적 현상으로 머물지 않고, 건전한 정치적 진화로 이어지려면 몇 가지 조건이 필요하다. 무엇보다 제도적 견제가 작동해야 한다. 개인의 카리스마가 제도를 압도하지 않도록, 의회와 정당, 언론과 시민사회가 다층적으로 균형을 유지해야 한다. 팬덤 정치가 맹목적 추종으로 변질되지 않도록 하는 것도 중요하다. 사랑과 비판이 공존하는 지지 문화가 민주주의의 성숙을 보장한다. 마지막으로, 이미지와 퍼포먼스만이 아니라 정책 역량을 갖춰야 한다. 결핍을 솔직하게 드러내는 인간적 매력과, 구체적 문제를 해결하는 정치적 능력 사이의 균형을 확보할 때, 안티히어로 정치는 비로소 새로운 정치철학으로 자리매김할 수 있다.

새로운 정치의 전망

2000년대 이후 한국 정치는 영웅 중심에서 안티히어로 중심으로 축을 옮겼다. 이는 사건의 나열이 아니라 구조의 전환이다. SNS의 일상화, 세대교체, 교육 수준의 상승, 정치의식의 성숙이 겹치며 정치의 생산·유통·소비 방식 자체를 바꿔 놓았다. 정치권력은 더 이상 거대조직의 관성만으로 유지되지 않으며, 리더십은 '무결함'이 아니라 불완전함을 감당하는 역량으로 평가받기 시작했다.

이 전환은 민주주의의 새로운 활력을 불러왔다. 참여의 문턱이 낮아지면서 시민과 정치인의 거리는 눈에 띄게 줄었다. 권위주의적 정치문화는 후퇴하고, 개방성과 역동성은 강화됐다. 2023년 조원씨앤아이 여론조사에서 정치인 신뢰 15% vs 불신 82%라는 수치는(공무원 신뢰 34% vs 불신 63%) 전통 엘리트의 권위가 더 이상 통용되지 않음을 보여준다. 동시에 한국언론진흥재단 조사에서 소셜미디어 이용자의 83.5%가 SNS로 뉴스를 접촉한다는 사실은, 정치참여의 회로가 오프라인 조직 → 디지털 네트워크로 완전히 갈아타고 있음을 입증한다.

그러나 활력의 반대편에는 위험이 있다. 첫째, 적대의 정치는 단기 동원을 성공시켜도 장기 통합을 해칠 수 있다. 갈등의 효용이 줄어드는 순간, 파편화만 남는다. 둘째, 팬덤 정치는 결속을 만들지만 비판을 '배신'으로 낙인찍는 순간, 민주주의의 산소(토론)가 사라진다. 셋째, 이미지 정치는 관심을 끌지만 정책·제도라는 무게를 외면하면, 표피적 활력만 남기고 문제 해결 능력을 잠식한다.

따라서 안티히어로 정치가 민주주의의 진정한 갱신으로 나아가려면 세 가지 조건이 필요하다. 먼저, 제도의 힘이 인물의 카리스마를 견제해야 한다. 개인의 부침이 곧 국가의 부침이 되지 않도록, 독립된 심의·감사·평가 장치를 강화하고 자동안정장치를 촘촘히 깔아야 한다. 둘째, 비판과 토론의 권리를 보장해야 한다. 팬덤의 열정이 비판을 휘몰아칠 때, 정당은 오히려 이견의 보호 장치로 스스로를 단련해야 한다. 마지막으로 결핍의 매력 + 성과의 증거가 결합돼야 한다. 불완전함의 고백은 출발일 뿐, 데이터와 제도를 통해 문제 해결로 귀결될 때 안티히어로는 대중정치의 낭만을 공공 성과로 전환한다.

앞으로 중요한 것은 새 얼굴의 등장이 아니다. 정치의 방식이 어떻게 재구성되는가, 대중의 욕망이 어떤 언어로 표현되는가, 민주주의가 어디로 향하는가다. 한국의 안티히어로는 세계적 흐름과 연결되지만, 동시에 한국적 특수성—높은 디지털 밀도, 강한 팬덤, 약한 당조직의 중개 능력—을 반영한다. 그러므로 우리는 이 현상을 찬반의 감정이 아니라 민주주의의 미래라는 질문으로 다루어야 한다.

영웅의 시대가 저물고 안티히어로의 시대가 왔다. 그 다음은 무엇인가. 불완전함의 공유를 넘어, 공적 문제 해결을 견인하는 '시민적 리더십'이 정치의 새 서사로 떠올라야 한다. 시민적 리더십은 영웅의 단일한 의지도, 팬덤의 열정만도 아니다. 집단지성의 조직화, 분권적 책임의 설계, 증거기반

협상의 루틴화다. 리더는 자신을 주인공이 아니라 조율자·번역자·보증인으로 위치시키고, 시민은 관객이 아니라 공동 설계자가 된다.

로버트 달은 이렇게 말한다. "민주주의를 믿는 이유 중 하나는, 보통 사람들이 기회를 얻으면 충분히 잘할 수 있다는 것을 내가 경험으로 알기 때문이다."(『그들은 어떻게 최고의 정치학자가 되었나』) 안티히어로의 시대는 바로 이 '보통 사람들'이 정치의 주체로 서는 시대일지 모른다. 우리의 과제는 간단하다. 불완전함을 고백하는 용기에 문제를 해결하는 기술을 더하는 것—그때 비로소 안티히어로는 시민적 리더십으로 성숙하고, 민주주의는 감정의 에너지를 성과의 제도로 바꾼다.

다음 장에서는 세계 각국의 안티히어로들을 살핀다. 트럼프·젤렌스키·룰라의 서로 다른 궤적을 비교해, 무엇이 정치적 에너지를 성과로 바꾸고, 무엇이 체제를 소모시키는지 분석할 것이다. 그 위에 한국의 안티히어로들이 지닌 고유한 패턴을 비춰보고, 우리가 선택해야 할 기술과 규범을 도출한다.

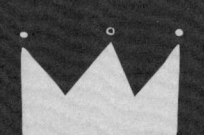

3장
세계 정치의 안티히어로들
"실패와 결핍의 리더십"

안티히어로는 단순한 개념의 산물이 아니다. 그들은 생생한 현실 속에서 대중의 눈앞에 나타났고, 각자의 시대적 맥락에서 선택을 받았다. 이 장은 바로 그런 정치 현실에서 출현한 안티히어로들을 추적한다.

이 장에서 다룰 인물들—처칠, 트럼프, 젤렌스키, 룰라—에 대한 개인적 평가는 각자의 몫으로 남겨두고, 우리는 오직 그들이 보여준 '안티히어로적 정치 패턴'에만 집중할 것이다. 각자의 정치적 성과나 도덕적 판단과는 별개로, 이들이 공통적으로 보여준 '결핍의 정치학'을 분석하는 것이 이 장의 목적이다.

 사례를 검토하는 이유는 단순히 인물 열전을 쓰기 위해서가 아니다. 특정 인물이 어떻게 '안티히어로적 리더십'을 구현했는지 살펴봄으로써, 안티히어로 정치의 메커니즘을 보다 구체적으로 이해할 수 있기 때문이다. 처칠에서 젤렌스키까지, 시공간을 넘나드는 비교를 통해 우리는 공통된 정치적 패턴과 각 나라의 특수성을 동시에 확인하게 될 것이다.

 이들의 가장 흥미로운 공통점은 '완벽함'을 내세우지 않았다는 것이다. 처칠은 특유의 말투와 습관, 그리고 잇따른 정치적 좌절을 조금도 숨기지 않았다. 트럼프는 과격한 언행으로 기성 정치의 품격 규범을 깨뜨려 버렸다. 젤렌스키는 배우 출신이라는 비전통적 이력을 내세우고 즉흥적 언어로 소통하며 전시 지도자로 자리매김했다. 이들이 보여준 것은 한마디로 '결핍의 공개'였다. 완벽한 가면 대신 날것의 모습을 드러내며, 대중에게 솔직한 인간으로 다가간 것이다.

 이들은 모두 전통적 영웅의 기준에서 보면 결핍을 가진 인물들이었다. 그러나 그 결핍은 오히려 새로운 정치적 매력으로 전환되었고, 대중은 그 불완전함 속에서 친밀감을 발견했다. 결국 이 장은 안티히어로가 더 이상 특정 지역이나

일시적 흐름이 아니라, 21세기 정치 전반에 걸쳐 나타나는 보편적 현상임을 보여줄 것이다. 동시에 각 사례가 놓인 역사적·사회적 맥락을 통해, 한국 정치에서의 안티히어로 현상을 해석할 수 있는 비교 틀을 마련하고자 한다. 우리는 이를 통해 한 인물의 성공 여부를 넘어, 민주주의 자체가 어떤 방향으로 진화하고 있는지를 읽어낼 수 있을 것이다.

처칠: 실패가 만든 전시 지도자

갈리폴리의 참패와 황야의 세월

윈스턴 처칠만큼 극명한 명암을 지닌 정치인도 드물다. 1915년 다르다넬스 작전(갈리폴리 작전)을 강력히 추진했지만 결과는 참담한 패배였다. 연합군 25만 명이 넘는 사상자가 발생했고, 처칠은 해군장관직에서 물러나야 했다. 이는 그의 정치 인생에서 씻을 수 없는 오점으로 남았다. 책임은 전쟁장관이 져야 했지만, 정치적 역학 속에서 화살은 해군장관 처칠에게 집중됐다. 이 사건은 그를 정치적 몰락의 나락으로 끌어내렸다.

정치적 일관성 부족도 그를 괴롭혔다. 자유무역을 주장하며 자유당으로 옮겨 보수당으로부터 "계급의 배신자"라는 비난을 받았고, 이후 다시 보수당으로 돌아갔지만 금본위제와 인도 문제로 갈등을 빚으며 내각에서 배제됐다. 보수당과 자유당 양쪽 모두에게 불편한 존재였던 그는, 지나치게 독립적이라는 이유로 정치권에서 신뢰를 잃었다.

1930년대는 '황야의 세월'이었다. 제1차 세계대전과 제2차 세계대전 사이에 처칠의 정치적 위상은 바닥으로 추락했다. 언론과 정적들은 그를 '시대착오적 인물'로 조롱했고, 심지어 스탈린마저 "처칠이 다시 집권하지 않으리라는 것을 어떻게 장담할 수 있겠는가"라며 그의 이름을 불안의 상징처럼 언급했다. 당시 영국의 사절단조차 "그럴 가능성은 전혀 없다"고 맞받을 정도로, 처칠의 정치적 재기는 아무도 상상하지 못했다.

그러나 바로 이 실패와 고립이 처칠을 독특한 정치 지도자로 만들었다. 그는 권력에서 밀려난 긴 세월 동안 외롭게 글을 쓰고 역사를 연구하며, 히틀러의 위협을 누구보다 집요하게 경고했다. 역설적이게도 그의 몰락은 미래의 부활을 준비하는 시간이 되었던 것이다.

처칠은 일반적으로 '영웅적 지도자'로 불리지만, 그의 정치적 궤적을 살펴보면 오히려 안티히어로적 요소가 뚜렷하다. 잦은 실패와 당적 변경, 고독한 야인 시절은 전통적 영웅상과 거리가 멀었지만, 그 결핍이 위기 속에서 새로운 신뢰로 전환된 것이다.

우선, 그는 실패와 결핍을 숨기지 않았다. 갈리폴리 참패와 당적 변경이라는 정치적 흠결은 평생 그를 따라다녔지만, 결국 그 경험들이 전시 지도자의 강인함을 형성했다. 둘째, 그는 체제 안에 속했으면서도 동시에 체제 밖의 인물로 존재했다. 보수당과 자유당 모두와 불화했던 그의 '아웃사이더성'은 대중에게는 독립성과 솔직함으로 해석되었다. 셋째, 그는 위기의 순간에만 빛나는 지도자였다. 평화 시기에는 불편하고 과격한 인물이었지만, 전시에는 냉혹함과 결단력이 오히려 장점이 되었다.

이처럼 처칠의 정치적 궤적은 '완벽한 영웅'이 아니라 '결핍을 가진 안티히어로'의 전형을 보여준다. 실패가 있었기에, 그가 다시 돌아왔을 때 대중은 그의 불완전함을 오히려 신뢰로 받아들일 수 있었던 것이다.

결핍이 만든 리더십

처칠의 매력은 완벽함에서 나온 것이 아니었다. 그는 세련된 신사라기보다, 다소 거칠고 예측할 수 없는 인물이었다. 술과 시가를 즐겼고, 평생 하루에도 여러 개의 시가를 손에 쥐고 다니는 모습이 그의 트레이드마크처럼 남았다. 절제보다는 과잉과 열정을 삶의 방식으로 택했던 것이다.

그의 성격은 까다롭고 변덕스럽다는 평이 많았고, 잦은 실수로 곤란을 겪기도 했다. 하지만 그는 이런 약점을 감추려 하지 않았다. 오히려 유머와 솔직함으로 약점을 무기로 바꾸었다. 대표적으로 전해지는 말이 있다. 어느 날 하원에서 반대 의원이 "당신은 술에 취해 말도 제대로 못 한다"고 비아냥대자, 처칠은 곧바로 "맞습니다, 저는 취했지요. 하지만 아침이 되면 저는 깨어날 것이고, 당신은 여전히 추합니다 (But I shall be sober in the morning, and you will still be ugly)."라고 받아쳤다. 이 재치 있는 응수는 대중에게 인간적인 호감을 주었고, 정치적 공격을 되레 웃음으로 무력화시켰다.

무엇보다 그는 자신의 실패를 숨기지 않았다. 갈리폴리 전투의 참패, 당적 변경으로 인한 '배신자'라는 낙인, 오랜 야인 생활까지도 모두 자신의 이력으로 인정했다. 실패와 좌절을 숨기기보다, 그것을 경험한 인간으로서 자신을 드러낸 것이다. 바로 이 솔직함이 위기의 순간에 대중이 그에게 의지하도록 만드는 힘이 되었다. 처칠에게 결핍은 약점이 아니라, 리더십의 자산이었다.

위기가 만든 영웅

 1940년 히틀러의 유럽 석권이 현실화되면서 영국은 존망의 기로에 섰다. 이 절체절명의 순간, 국민은 처칠의 귀환을 요구했고, 그는 마침내 총리로 복귀했다. 그러나 처칠이 전쟁 지도자로 불려나온 것은 완벽하게 준비된 영웅이어서가 아니었다. 오히려 그의 과거 실패들이 자산이 된 결과였다.

 갈리폴리 참패는 전쟁의 잔혹함을 뼈저리게 각인시켰고, 황야의 세월은 정치적 생존술과 인내를 길러주었다. 무엇보다 1930년대 내내 홀로 외쳤던 대독(對獨) 경고가 현실로 드러나면서, 사람들은 그에게 선견지명과 통찰이 있었다는 점을 인정할 수밖에 없었다.

 그가 총리 취임 직후 의회에서 내놓은 연설은 역사에 길이 남았다. "피, 수고, 눈물, 그리고 땀밖에는 드릴 것이 없다"는 그의 선언은 화려한 수사가 아니라 참혹한 현실을 있는 그대로 전한 것이었다. 달콤한 약속 대신 쓰디쓴 진실을 선택한 지도자, 바로 그 점이 대중을 사로잡았다.

 처칠의 전시 리더십은 전형적인 안티히어로적 특성을 보여준다. 그는 국민에게 승리를 보장하지 않았다. 대신 함께 고통을 분담하고 끝까지 버티자는 동반자의 약속을 내세웠다. 완벽한 지도자가 아니라, 결핍과 상처를 지닌 인간으로

서 공동체와 고난을 함께 짊어지는 모습이야말로 그를 전시 영웅으로 만든 핵심이었다.

따라서 처칠은 '영웅과 안티히어로의 경계'에 선 인물이라 할 수 있다. 그는 실패와 결핍을 안고 있었기에 완벽한 영웅은 아니었지만, 바로 그 결핍이 위기의 순간 대중에게 진정성을 부여했다. 이는 훗날 젤렌스키나 룰라 같은 인물들이 보여준 안티히어로적 리더십과도 연결된다.

트럼프: 반권위의 마스터

스캔들이 자산이 된 남자

도널드 트럼프만큼 논란과 스캔들에 휘말린 정치인도 드물다. 대통령이 되기 전부터 그는 화려한 부동산 재벌이자 TV 쇼맨으로 이름을 알렸지만 동시에 숱한 소송, 파산 위기, 여성 편력 문제로 언론의 주목을 받아왔다. 스토미 대니얼스와의 관계 의혹 및 이를 은폐하려 했다는 혐의는 뉴욕 법원에서 '비즈니스 기록 위조' 유죄 평결로 이어졌다. 이로써 그는 미국 역사상 처음으로 형사 유죄 판결을 받은 전직 대통령이 되었다.

전통적으로 정치인의 도덕성은 생존의 기본 조건이었고,

이런 스캔들은 정치적 사망 선고와 같아야 했다. 그러나 트럼프에게는 오히려 정반대의 결과가 나타났다. 그는 스캔들에도 불구하고 공화당의 핵심 기반을 잃지 않았을 뿐 아니라, 오히려 탄탄한 지지층을 결집시키는 자산으로 전환했다.

대통령 재임 중에도 상황은 크게 다르지 않았다. 2019년에는 우크라이나 대통령에게 조 바이든의 아들을 수사하라고 압박한 '우크라이나 스캔들'로 인해 하원에서 탄핵을 당했다. 전통적인 기준으로라면 '대통령직 수행 불가'라는 치명타였을 것이다.

하지만 공화당 지지층은 오히려 '민주당의 정치적 음모'라고 인식하며 더 결집했다. 이후에도 트럼프를 둘러싼 각종 의혹과 스캔들은 끊이지 않았다. 억만장자 제프리 엡스타인과의 관계 의혹, 세금 회피 문제, 가족 기업의 불투명한 운영 등이 연이어 보도되었다. 하지만 이런 논란들은 트럼프에게 끝내 '정치적 파멸'로 이어지지 않았다. 왜일까?

그 답은 트럼프의 스캔들 대응 방식에 있다. 그는 실수를 인정하거나 반성하기보다, 언제나 그것을 '나만의 문제가 아니다'라는 방식으로 일반화시켰다. 정치인이라면 누구나 그런 일을 한다는 식의 냉소적 프레임을 제시하고, 자신에 대한 공격을 '부패한 기득권 세력의 음모'로 치환했다.

이 과정에서 스캔들은 그가 기존 정치 엘리트와 다르다는 증거가 되었고, 오히려 대중에게 '솔직한 정치인'이라는 이미지를 강화시켰다. 트럼프에게 있어 스캔들은 치명적 약점이 아니라, 반권위적 카리스마를 구성하는 핵심 자산이었던 것이다.

솔직함의 정치학

트럼프의 핵심 전략은 스캔들을 부인하거나 숨기기보다는, 그것을 '모두가 하는 일'로 일반화시키는 것이었다. 정치인이라면 누구나 뒤로는 비슷한 일을 하고 있다는 식으로 프레임을 바꾸어버리는 것이다. 이 전략은 단순한 변명이 아니라 정치 불신이 만연한 사회에서 강력한 효과를 발휘했다. 유권자들에게 "내가 특별히 더 나쁜 사람이 아니다. 오히려 나는 그것을 솔직히 드러내는 사람이다"라는 메시지를 전달한 셈이다.

트럼프는 잘못을 인정하는 순간 정치적 패배가 확정된다고 믿었다. 그래서 그는 결코 사과하지 않았고, 자신을 공격하는 상대를 향해서는 배 이상의 화력을 집중했다. 언론과 민주당, 심지어 같은 공화당 내 반대파까지도 예외가 없었다. 트위터를 통한 거침없는 발언, 과장된 수사, 때로는 사실과 다른 주장조차 서슴지 않는 방식은 기존 정치인들의 정제된 언어와 극명하게 대비되었다. 이런 '막말 정치'가 오히려 대중에게는 꾸밈없는 진심, 기성 정치 문법을 따르지 않는 솔직함으로 비쳤다.

이런 전략이 통할 수 있었던 배경에는 미국 사회의 뿌리 깊은 정치 불신이 자리 잡고 있었다. 워터게이트 사건 이후 미국인들의 정치 불신은 누적되어 왔고, 2008년 금융위기 이후 기득권 정치와 경제 엘리트에 대한 반감은 최고조에 달했다. 트럼프는 바로 이 심리를 활용했다. "모두 다 부패했지만, 나는 적어도 거짓 가면을 쓰지 않는다"라는 메시지는 기존 정치인들과 차별성을 만들어주었다.

실제로 트럼프의 여성 편력은 여러 차례 선거와 재판 과정에서 적나라하게 드러났다. 전통적 도덕주의라면 치명타가 될 사건들이었지만, 트럼프의 지지층은 그 사실을 모른 척하거나 오히려 인간적인 면모로 받아들였다. 중요한 것은 그가 도덕적으로 흠결이 없느냐가 아니라, "미국을 다시 위대하게 만들 수 있느냐"였다. 유권자들은 그의 결핍을 잘 알면서도 그 결핍을 감수할 만큼 경제적·정치적 효용이 있다고 판단한 것이다.

이처럼 트럼프의 솔직함은 전통적인 '완벽한 지도자상'과는 정반대에 위치한다. 그는 도덕적 결벽성을 내세우지 않았고, 오히려 자신의 결핍과 과거의 논란들을 대놓고 무시하거나 농담거리로 만들었다. 바로 그 지점에서 대중은 새로운 매력을 발견했다. '완벽함의 리더십'에서 '결핍의 리더십'으로의 전환이, 트럼프 현상의 본질이었던 것이다.

대중 직접 동원의 달인

트럼프의 또 다른 안티히어로적 특징은 바로 기존 정치 제도를 우회하는 '대중 직접 동원' 방식이다. 그는 주류 언론을 불신했고, 의회의 견제를 무시했으며, 곧바로 대중과 소통하는 길을 선택했다. 그 대표적인 도구가 트위터(현 X)였다. 트럼프는 전통적인 기자회견이나 언론 인터뷰 대신 자신의 계정을 통해 정책 방향, 개인적 감정, 심지어는 외교 문제까지 실시간으로 발언했다. 이는 단순한 메시지 전달이 아니라, 언론이라는 필터를 제거하고 '날 것 그대로의 목소리'를 유권자에게 직접 전달하려는 의도였다.

이 방식은 기존 정치 엘리트들을 크게 당황하게 만들었다. 언론과 의회라는 제도적 장치를 거치지 않고 대통령이 직접 국민과 소통하는 방식은 기존 정치의 룰을 근본적으로 흔드는 것이었기 때문이다. 정제된 발언과 장문의 보고서에 익숙한 워싱턴 정치인들은 트럼프의 짧고 거친 트윗을 대응하기 어려워했다. 더욱이 트럼프는 매일 새벽에도, 심지어 외교적 위기 상황에서도 트윗을 날렸기 때문에 전통적 정치 질서에서는 예측 불가능한 존재가 되었다.

그러나 대중의 반응은 달랐다. 기존 정치인들이 무대 위에서 보여주는 '완벽히 준비된 모습'이 가식적으로 느껴졌던 이들에게, 트럼프의 즉흥적이고 때로는 감정적인 발언은 오히려 진정성으로 받아들여졌다. "나는 정치적 수사를 듣는 것이 아니라, 진짜 인간의 목소리를 듣는다"는 감각이 트럼프 지지층을 결속시켰다. 이는 바로 안티히어로 정치의 정수를 보여준다. 완벽하지 않고, 오히려 규칙을 깨는 모습에서 대중은 친근함과 솔직함을 느낀 것이다.

특히 위기 상황에서 트럼프의 이런 소통 방식은 역설적으로 그의 정치적 스타일을 강화하는 계기가 되었다. 예를 들어, 엡스타인 스캔들이 불거졌을 때 전통적인 정치인이라면 침묵하거나 변호사를 내세워 방어했을 것이다. 그러나 트럼프는 오히려 공격적으로 반격하며 자신의 결백을 주장했고, 이 과정을 트위터를 통해 실시간으로 전파했다. 결과적으로 스캔들이 그의 정치적 입지를 완전히 무너뜨리지는 못했고,

오히려 "기득권과 싸우는 솔직한 아웃사이더"라는 이미지를 강화시켰다.

트럼프의 대중 동원 방식은 미국 정치사에서 새로운 장을 열었다. 그것은 제도를 통한 정치가 아니라, 감정을 통한 정치였다. 트럼프는 전통적인 중재자나 권위자의 틀을 무너뜨리고, 자신을 지지자들과 동일한 '하나의 목소리'로 위치시켰다. 이 점에서 그는 단순히 반(反)권위적 정치인을 넘어, 대중 직접 동원의 새로운 문법을 만들어낸 인물이 되었다.

'딥 스테이트' 대 '일반인'의 구도

트럼프가 만들어낸 가장 강력한 정치적 서사는 바로 '부패한 엘리트 대 선량한 일반인'이라는 이분법이었다. 그는 자신에 대한 모든 공격을 단순한 정치적 비판이 아니라, 이른바 '딥 스테이트(Deep State)'라는 음습한 권력 네트워크의 음모로 규정했다. 딥 스테이트는 선출되지 않은 관료, 언론, 사법부, 그리고 민주당 정치인들을 아우르는 보이지 않는 기득권 세력으로 묘사되었고, 트럼프는 그들에 맞서 싸우는 유일한 아웃사이더임을 자처했다. 선거 때마다 그는 "워싱턴의 늪을 말리겠다(draining the swamp)"라는 구호를 외치며, 자신이 이 늪에 속하지 않는 순수한 아웃사이더라는 점을 강조했다.

이 구도는 트럼프의 개인적 결핍과 논란들을 오히려 자산으로 전환시켰다. 전통적인 정치인의 기준에서 보면 잦은 스캔들, 거친 언행, 정치적 경험의 부족은 명백한 단점이다. 그러나 트럼프는 이러한 결핍을 자신의 정체성으로 포장했다. "나는 완벽하지 않다. 하지만 바로 그렇기 때문에 기득권 엘리트가 아니라 당신들과 같은 평범한 사람이다"라는 메시지가 그의 지지자들에게는 강력하게 작동했다. 법정에 서 있는 모습조차 단순한 피고인의 모습이 아니라, 기득권 세력에 의해 핍박받는 무고한 시민의 모습으로 소비되었다.

트럼프 지지층에게는 이 '희생자 프레임'이 특히 매력적으로 다가왔다. 엘리트 언론이 비판하면 "언론이 또다시 보통 사람의 목소리를 억압한다"는 이야기로, 검찰이 기소하면 "기득권이 아웃사이더를 제거하려는 음모"라는 이야기로 전환되었다. 즉, 어떤 사건도 트럼프에게는 새로운 정치적 자산이 될 수 있었다. 기존 정치 질서에서는 치명적일 사건이, 트럼프 정치학에서는 오히려 지지층을 결집시키는 촉매제가 된 것이다.

트럼프의 '딥 스테이트' 담론이 강력한 호소력을 가질 수 있었던 배경에는 현대 민주주의 전반에서 나타나는 구조적 엘리트 불신이 자리 잡고 있다. 경제적 불평등 심화, 글로벌화의 부작용, 정치 기득권의 무능에 대한 대중의 불만이 누적되면서, 복잡한 사회 문제에 대한 단순하고 직관적인 해답을 갈망하는 심리가 확산되었다.

트럼프는 바로 이 지점을 정확히 포착했다. 그는 자신의 불완전함을 감추기보다는 오히려 무기로 전환하는 전략을 구사했다. 개인적 결핍과 논란들을 '기존 엘리트와의 차별성'으로 포장하고, 대중의 자기 동일시 욕망과 반(反)엘리트 정서를 동시에 충족시키는 정치적 서사를 구축한 것이다. 복잡한 현실을 '부패한 딥 스테이트 대 선량한 일반인'이라는 이분법적 구도로 재구성함으로써, 대중은 그 단순함 속에서 명쾌한 해답을 찾을 수 있었다.

정치학자 프랜시스 후쿠야마는 이러한 트럼프 현상을 분석하며 "민주주의의 가장 큰 적은 독재가 아니라 제도에 대한 무관심과 냉소"라고 지적했다. 이 관점에서 보면, 트럼프의 성공은 단순히 개인적 카리스마의 결과가 아니라 제도적 냉소를 정치적 에너지로 전환한 구조적 현상이었다.

결국 트럼프 현상의 핵심은 불완전한 개인이 완벽한 제도에 도전하는 서사가 아니라, 불신받는 제도 앞에서 불완전함조차 진정성의 증거로 받아들여지는 정치 환경의 변화에 있었던 것이다.

젤렌스키: 코미디언에서 전시 지도자로

정치적 아마추어의 등장

볼로디미르 젤렌스키의 정치 입문은 그 자체로 하나의 안티히어로적 서사였다. 그는 전통적인 의미에서의 정치 엘리트와는 거리가 멀었다. 법학을 전공했지만 정작 변호사로 활동한 적은 거의 없었고, 본격적인 커리어는 연예계에서 시작됐다. 배우, 코미디언, 제작자로 활동하며 이름을 알린 그는 우크라이나에서 인기 있는 TV쇼 〈국민의 하인〉의 주연을 맡으면서 대중적 스타로 떠올랐다. 드라마 속에서 그는 평범한 고등학교 역사 교사가 부패를 비판하는 동영상으로 국민적 주목을 받다가 대통령에 당선되는 역할을 연기했는데, 아이러니하게도 이 드라마의 줄거리가 훗날 그의 실제 정치적 행보와 놀랍도록 겹쳐졌다.

2019년, 그는 실제로 드라마 제목을 딴 정당 "국민의 하인당"을 창당하고 대선에 출마했다. 정치 경험이 전혀 없던 '아마추어' 후보였지만, 바로 그 점이 기성 정치인들에게 염증을 느낀 국민들에게 신선한 대안으로 다가갔다. 당시 우크라이나 유권자들은 오랜 기간 이어져 온 부패, 엘리트 정치에 대한 불신, 경제적 침체와 러시아와의 긴장 속에서 기존 정치의 무능을 체감하고 있었다. 이 맥락에서 젤렌스키의 등장은 기존의 문법을 파괴하는 파격이자, 동시에 "정치에 오염되지 않은 아웃사이더"라는 매력을 상징했다.

그 결과는 압도적이었다. 2019년 대선에서 그는 73%라는 압도적 지지율로 현직 대통령 페트로 포로셴코를 꺾고 당선됐다. 단순히 기성 권력에 대한 반발이 아니라, 국민들이 그에게서 새로운 정치적 상상력을 본 것이다. 드라마에서 현실로 이어진 서사는 젤렌스키를 단순한 후보가 아니라, 하나의 정치적 아이콘으로 만들었다.

젤렌스키의 사례는 정치가 더 이상 전문 정치인들만의 영역이 아님을 극적으로 보여준다. 기존 정치인들은 오랜 경력, 정당 충성, 관료 경험 등을 통해 정당성을 쌓아야 했다. 그러나 젤렌스키는 정반대였다. 그는 그 어떤 정치적 이력도, 권위적 화법도, 정당 충성도도 없었지만, 바로 그 '결핍'이 정치적 자산이 되었다. 그의 서사는 대중에게 "정치 경험이 없는 것이 오히려 부패하지 않았다는 증거"로 받아들여졌고, 그 결과 정치적 아마추어가 곧 '새로운 정치의 상징'으로 자리매김하게 된 것이다.

집권 초기의 실망

그러나 젤렌스키의 정치 여정은 드라마 같은 화려한 당선으로만 이어지지 않았다. 대통령에 취임한 직후부터 그는 냉엄한 현실 정치의 벽에 부딪혔다. 무엇보다 가장 큰 문제는 부패 척결 실패였다. 선거 과정에서 그는 "부패와의 전쟁"을 가장 강력한 공약으로 내세웠다. 오랫동안 우크라이나 정치를 잠식해 온 구조적 부패를 청산하겠다는 약속은 국민들에게 강력한 울림을 주었고, 이를 통해 압도적인 지지를 얻을 수 있었다.

그러나 집권 후에도 관료제 부패와 사법부 비효율, 권력-재벌 유착은 크게 달라지지 않았다. 국민들은 변화가 지나치게 느리다고 판단했고, 이는 지지율 하락으로 이어졌다. 실제로 취임 2년여 만에 일부 여론조사에서 그의 지지율은 30%대까지 하락했다.

또 다른 문제는 그의 정치적 아마추어리즘에 대한 비판이었다. 국민들은 신선함과 아웃사이더 이미지를 매력으로 느꼈지만, 동시에 국가 운영의 전문성을 의심하기 시작했다. 더구나 젤렌스키는 정부 요직에 자신과 함께 활동했던 코미디언, 배우, 극작가 출신 인사들을 기용했는데, 이는 경험 부족과 연줄 인사의 문제로 비쳐졌다. "코미디언 대통령이 코미디언 내각을 만들었다"는 비판은 언론과 정치권에서 끊임없이 제기되었고, 이는 그가 갖고 있던 정치적 정당성을 약화시켰다.

특히 결정적인 것은 러시아 침공 위기 대응에 대한 불신이었다. 2021년 말부터 미국과 서방 정보당국은 러시아가 우크라이나를 전면 침공할 가능성이 높다는 경고를 거듭 보냈다. 그러나 젤렌스키는 공개적으로 이를 부정하거나 가볍게 취급하는 태도를 보였다. 그는 경제적 안정을 이유로 지나친 위기론을 경계했지만, 동시에 "미국이 불안을 과장하고 있다"는 식의 발언을 하기도 했다. 일부 서방 언론은 그가 푸틴의 의도를 오판하고 있다고 비판했으며, 실제로 2022년 2월 러시아가 전면 침공을 감행했을 때 젤렌스키 정부는 초반에 큰 혼란을 겪었다.

즉, 집권 초기의 젤렌스키는 부패 개혁 실패, 정치 경험 부족, 위기 대응 미흡이라는 삼중고를 겪으며, 초기 기대와는 달리 냉정한 실망의 대상이 되었다. 드라마 속 주인공으로서의 영웅적 이미지가 현실 정치에서는 얼마나 빠르게 무너질 수 있는지를 보여주는 사례였다. 하지만 역설적으로 이러한 초기의 약점과 비판들이 훗날 전시 지도자로서의 변신을 더 극적으로 만드는 배경이 되었다.

위기가 만든 변신

 2022년 2월 24일 러시아의 전면 침공이 시작되자, 젤렌스키는 정치 인생에서 가장 큰 시험대에 올랐다. 세계의 많은 관측자들은 그가 곧 도주할 것이라 예측했다. 대통령으로서의 경험 부족, 전직 코미디언이라는 이력, 집권 초기에 드러난 미숙함이 그러한 추정의 근거였다. "코미디언 출신 대통령이 과연 전시 지도자로서 국가를 지휘할 수 있겠는가?"라는 냉소가 우크라이나 안팎에서 흘러나왔다.

 그러나 그는 정반대의 길을 택했다. 도주가 아닌 결사 항전을 선언하면서 젤렌스키는 단숨에 전 세계의 주목을 받았다. "우리에겐 탈것이 아니라 탄약이 필요하다"는 그의 발언은 단순한 정치적 수사가 아니라, 국민과 함께 끝까지 버티겠다는 생생한 다짐이었다. 이는 전쟁 지도자로서 그의 정통성을 한순간에 확립해 준 상징적 장면이었다.

 젤렌스키의 변신은 극적이었다. 집권 초기에 약점으로 지적되던 코미디언으로서의 경험은 오히려 전시 상황에서 가장 강력한 무기가 되었다. 그는 무대와 카메라 앞에서의 감각을 활용해 SNS와 대중매체를 능숙하게 다루었고, 짧고 명확한 메시지를 통해 국내외 대중의 감정을 파고들었다.

 특히 트위터, 텔레그램, 페이스북 등을 통해 실시간으로 발신된 영상 메시지는 국민들에게 대통령이 '함께 있다'는 확신을 주었으며, 동시에 전 세계인의 마음을 움직였다. 각국 의회에서 행한 화상 연설들은 역사적 상징을 현지 맥락에 맞게 활용해 큰 호응을 얻었는데, 이는 단순히 '정치적 설득'이 아니라 '문화적 공감'을 만들어내는 탁월한 전략이었다.

무엇보다 젤렌스키는 평범함을 유지하는 방식으로 지도자의 진정성을 증명했다. 그는 전쟁 발발 후에도 정장을 입고 권위적인 연설을 하지 않았다. 대신 군복에 가까운 카키색 티셔츠 차림으로, 대통령궁이 아닌 거리와 임시 사무실에서 메시지를 발신했다. 이는 "국민과 동일한 위치에 서 있는 지도자"라는 이미지를 강화했다. 완벽하게 꾸며진 모습이 아니라, 피곤하고 수척한 얼굴로 카메라 앞에 서는 모습이 오히려 더 강한 설득력을 가졌다.

이 모든 것은 단순한 이미지 정치가 아니었다. 전쟁이란 위기 상황에서 지도자가 보여주는 태도는 국민의 사기와 국제사회의 반응에 직접적으로 영향을 미친다. 젤렌스키의 태도는 우크라이나인들에게 '버틸 수 있다'는 자신감을 주었고, 서방 국가들에게는 '지원할 가치가 있는 지도자'라는 확신을 심어주었다. 결과적으로 그는 코미디언 출신이라는 결핍을 '국민과 함께 호흡하는 리더십'으로 승화시켰고, 이는 현대 정치에서 안티히어로가 어떻게 위기의 순간 영웅적 역할을 할 수 있는지를 보여주는 대표적 사례가 되었다.

안티히어로에서 영웅으로

젤렌스키의 사례는 안티히어로 정치가 어떻게 전통적 영웅 서사와 교차할 수 있는지를 잘 보여준다. 그는 정치 경험이 부족하고, 코미디언이라는 이질적인 경력을 가진 인물이었다. 이러한 결핍은 오랫동안 '약점'으로 간주되었고, 집권 초기에 실제로 비판의 대상이 되기도 했다. 하지만 러시아의 침공이라는 극한 위기 앞에서 젤렌스키는 그 결핍을 숨기지 않았고, 오히려 그것을 자신의 정체성으로 재구성했다. 그는 국민과 같은 위치에서 두려움과 고통을 나누는 모습을 보여주며, "평범한 사람이 비범한 상황에서 보여준 용기"라는 새로운 영웅상을 만들어냈다.

그의 영웅적 리더십은 전통적인 정치적 영웅과는 달랐다. 과거의 영웅들이 초인적 능력과 철저히 준비된 지도력으로 전쟁을 이끌었다면, 젤렌스키는 '함께 버티는 지도자'로서 국민과 동일시되었다. 이는 권위적·초월적 리더십이 아니라, 결핍과 불완전함을 솔직히 드러내면서도 상황에 맞는 결단을 내리는 새로운 리더십의 모델이었다. 젤렌스키는 "완벽한 국가 원수"가 아니라, "국민과 함께 두려워하고 함께 싸우는 동료"로 자리매김했다.

전쟁을 통해 젤렌스키가 대통령으로서 국제적 위상을 확립한 것은 분명하다. 그러나 그가 기억될 방식은 다를 것이다. 그는 카리스마적 영웅이 아니라, 위기의 순간 평범함을 무기로 바꾸어낸 지도자였다. 다시 말해, 젤렌스키는 안티히어로적 결핍이 어떻게 위기의 순간 '영웅적 덕목'으로 전환될 수 있는지를 보여주는 살아 있는 사례다. 이것이야말로 21세기 정치에서 '안티히어로의 역설'이라 할 수 있다.

실제로 《이코노미스트》는 젤렌스키를 평가하며 "21세기 지도자는 완벽한 준비보다 진정한 소통 능력이 더 중요하다"고 분석했다. 그의 사례는 안티히어로가 어떻게 시대적 요구에 부응하는지를 보여주는 교과서적 사례가 되었다.

룰라: 감옥에서 대통령으로

밑바닥에서 시작된 여정

루이스 이나시우 룰라 다 실바의 인생은 전형적인 안티히어로 서사라 할 수 있다. 그는 1945년 브라질 동북부 페르

남부쿠주의 가난한 농촌 마을 카에치스(Caetés)에서 8남매 중 일곱째로 태어났다. 태어날 때부터 룰라 앞에 놓인 조건은 정치 엘리트가 되기에는 거의 불가능에 가까운 것이었다. 명문 가문이나 고등교육은커녕, 생존조차 버거운 환경이 그를 기다리고 있었다.

룰라는 겨우 초등학교 2학년을 마친 뒤 학업을 중단해야 했다. 가난 때문에 책을 손에 쥘 수조차 없었고, 열 살이 되도록 글을 읽고 쓸 줄 몰랐다. 이 점만 보더라도 그가 훗날 브라질 대통령이 되리라고 예측한 사람은 아무도 없었을 것이다. 어린 룰라는 학업 대신 생계를 위한 노동을 택해야 했다. 세탁소 점원, 구두닦이, 오렌지 판매원, 환경미화원 등 닥치는 대로 일을 하며 하루하루를 버텼다.

그의 가족사는 더욱 비극적이었다. 아버지는 룰라가 태어난 지 며칠 만에 가족을 버리고 상파울루로 떠났으며, 이후 다른 여성과 새 가정을 꾸렸다. 어린 룰라와 형제들은 어머니의 손에 이끌려 아버지를 찾아 상파울루로 갔지만, 돌아온 것은 냉대와 학대뿐이었다. 아버지는 친자식을 외면했을 뿐 아니라 폭력적으로 대하기까지 했다. 룰라는 어린 나이에 아버지의 버림과 가정 폭력을 동시에 겪으며 자라야 했다.

이러한 성장 배경은 그를 전통적인 정치 엘리트와 철저히 구분 지었다. 당시 브라질 정계의 주류는 대개 부유한 백인 가문 출신으로, 고등교육을 받고 변호사나 관료, 군인 경력을 쌓은 뒤 정계에 입문하는 길을 밟았다. 하지만 룰라에게는 대학 졸업장도, 화려한 이력도, 정치적 후견인도 없었다. 그가 가진 것은 오직 '결핍'과 '밑바닥 노동자의 경험'뿐이었다.

그러나 바로 그 결핍이 훗날 그의 정치적 자산이 되었다. 룰라는 정규 교육 대신 공장에서의 노동과 노동조합 활동을 통해 '민중의 언어'를 배웠고, 브라질의 억눌린 대중 다수와 똑같은 조건 속에서 삶을 살아왔다는 점에서 강력한 대표성을 획득할 수 있었다. 다시 말해, 그는 엘리트적 정치 정당성이 아니라 "우리와 같은 사람"이라는 대중적 정통성을 기반으로 성장한 인물이었다.

세 번의 실패와 굴복하지 않는 의지

룰라의 정치적 여정은 처음부터 순탄치 않았다. 그는 1989년, 1994년, 1998년 세 차례 연속으로 브라질 대통령 선거에 도전했으나 모두 패배했다. 특히 1989년 첫 대선은 룰라에게 큰 충격이었다. 그는 브라질 최초의 직선 대통령 선거에서 2차 투표까지 진출했지만, 신자유주의 개혁을 내세운 페르난두 콜로르 지 멜루에게 53 대 47로 석패했다.

당시 브라질 경제 위기와 사회 혼란 속에서 대중은 급진적 좌파의 길보다는 젊은 보수 개혁가의 손을 들어주었다. 룰라의 카리스마와 노동자 출신이라는 상징성에도 불구하고, 아직 다수 국민은 그를 '안정적 지도자'로 받아들이지 못했던 것이다.

이후 1994년과 1998년 대선에서는 상황이 더욱 불리했다. 브라질은 고질적인 인플레이션으로 몸살을 앓고 있었고, 당시 재무장관이었던 페르난두 엔히키 카르도주가 '플라노 헤알(Plano Real, 안정화 정책)'이라는 경제 개혁을 성공적으로 주도하면서 국민적 신뢰를 얻고 있었다.

룰라는 두 번 모두 1차 투표에서 카르도주에게 크게 패배했고, '경제에 무능한 좌파'라는 낙인이 찍혔다. 세 번의 도전과 세 번의 패배. 정치인으로서 이는 사실상 사형선고나 다름없었다. 대부분의 정치인이라면 이 시점에서 은퇴를 고민했을 것이다.

그러나 룰라는 굴복하지 않았다. 그의 정치적 원동력은 단순한 권력욕이 아니었다. 가난한 어린 시절과 노동운동에서

체득한 신념이 그를 버티게 했다. 룰라는 평생 가슴속에 어머니의 말을 간직했다고 한다.

"희망을 잃지 마라.
언젠가 너는 사람들을 위해 큰일을 할 것이다."

그는 이 말을 정치 인생의 나침반으로 삼았다. 정치적 좌절 속에서도 룰라는 자신이 서 있는 자리가 4천만 명이 넘는 브라질 빈민의 목소리를 대변하는 자리라는 점을 결코 잊지 않았다. 하루 1달러로 살아가는 민중에게 희망을 주겠다는 사명감이야말로 그의 집념의 근원이었다.

이 집념은 마침내 결실을 맺는다. 2002년 대선에서 룰라는 네 번째 도전 끝에 승리한다. 당시 브라질은 외채 위기와 경기 침체로 사회 불만이 고조되어 있었고, IMF와 긴축 정책에 대한 피로감이 극에 달해 있었다. 룰라는 과거보다 한층 온건한 노선을 취하면서도, '노동자의 대통령'이라는 상징성을 잃지 않았다. 무엇보다 그는 국민들에게 단순한 좌파적 이상이 아니라 "굶주림 없는 브라질(Brasil sem Fome)"이라는 구체적이고 절박한 약속을 내세웠다.

그 결과 룰라는 61%의 압도적인 득표율로 승리하며 브라질 역사상 최초로 노동자 계급 출신의 대통령에 올랐다. 구두닦이 소년이, 초등학교조차 제대로 마치지 못한 노동자가, 세계 경제 대국의 대통령이 된 순간이었다. 이는 단순한 개인적 성취가 아니라, 브라질 대중민주주의의 새로운 장을 연 역사적 사건이었다.

기적 같은 성공과 몰락

룰라의 1·2기 대통령 시절(2003~2010)은 흔히 '브라질의 기적'이라 불린다. 그는 노동자 출신 최초의 대통령이라는 상징성에 걸맞게, 취임과 동시에 가장 가난한 계층을 겨냥한 복지 혁신을 단행했다. 대표적인 것이 '볼사 파밀리아(Bolsa Família)'였다.

이 제도는 저소득 가정에 현금을 직접 지원하는 대신, 자녀의 학교 출석과 예방접종을 조건으로 내세웠다. 단순한 시혜적 보조가 아니라 빈곤의 대물림을 끊고 사회적 투자로 전환하려는 전략이었다. 그 결과 2,100만 명이 절대 빈곤에서 벗어났고, 3,600만 명이 새롭게 중산층으로 편입되었다. 브라질 사회 구조 자체가 재편될 만큼의 변화였다.

경제 성과도 눈부셨다. 룰라 집권 8년 동안 브라질은 '남미의 대국'을 넘어 세계 경제의 새로운 중심으로 떠올랐다.

평균 7%대의 경제성장률을 기록했고, 외환보유고는 170억 달러에서 2,000억 달러 이상으로 치솟았다. 국제통화기금(IMF)에 구제금융을 받던 채무국 브라질은 채권국으로 지위가 바뀌었다. 석유·광물·농산물 호황을 적극 활용하면서도, 재정 건전성과 사회복지를 동시에 잡는 '브라질 모델'이 국제적 주목을 받았다. 그 결과 룰라는 다보스포럼 같은 세계무대에서도 신흥국 리더들의 상징으로 환영받았다.

이런 성취는 압도적인 정치적 지지로 이어졌다. 2010년 퇴임 직전 실시된 여론조사에서 그의 지지율은 80%를 웃돌았고, 산업·금융 중심지 상파울루 등 주요 지역에서도 압도적 지지를 받았다. 노동자 출신 소년이 세계 8위 경제대국의 성공 신화를 만들어낸 순간이었다.

그러나 화려한 영광은 오래 지속되지 않았다. 브라질 정치 특유의 부패 구조가 결국 룰라에게도 덫이 되었다. 2014년 브라질 국영 석유기업 '페트로브라스 게이트'가 터지면서 여권과 기업 간의 뇌물·입찰 비리 의혹이 걷잡을 수 없이 확산되었다. 룰라는 직접적인 뇌물 수수보다는, 부패한 정치-기업 카르텔 속에서 '묵인·편익 제공'의 책임을 묻는 방식으로 기소되었다.

2017년 법원은 룰라에게 부패 및 돈세탁 혐의로 유죄 판결을 내렸고, 그는 580일 동안 수감 생활을 해야 했다. 브라질 역사상 가장 인기 있는 대통령이자 '민중의 희망'이던 인물이, 불명예스럽게 철창 신세를 지게 된 것이다. 이는 브라질 사회에 엄청난 충격을 안겼다. 룰라를 지지하던 서민들은 이를 '정치적 탄압'으로 여겼지만, 반대 진영은 "민중의 영웅마저 결국 부패의 고리에 얽혔다"며 민주주의에 대한 냉소를 키웠다.

감옥에서 재기까지

 룰라의 수감은 한 개인의 몰락에 그치지 않았다. 그것은 곧 브라질 민주주의와 정치 질서를 뒤흔드는 거대한 사건이었다. 2018년 대통령 선거를 앞두고 그는 여전히 여론조사에서 압도적인 선두를 달리고 있었으나, 부패 전과자의 출마를 금지하는 '피차 림파 법(Ficha Limpa Law, 깨끗한 이력 법)'에 따라 출마 자격을 박탈당했다. 국민이 가장 지지하는 후보가 제도적으로 배제되면서 선거 자체의 정당성에 의문이 제기되었다. 룰라의 수감은 법적 판결을 넘어 정치적 격돌의 상징이 되었다.

 2019년 11월, 그는 580일 만에 석방되었다. 그러나 감옥에서 나온 룰라는 단순히 '억울한 전직 대통령'이 아니었다.

오히려 더 단단해지고, 확신에 찬 정치인으로 변모해 있었다. 그가 잃어버린 시간은 오히려 새로운 자산이 되었다. 많은 브라질 국민들은 그를 단순한 범죄자가 아니라 '정치적 탄압의 희생자'로 보았기 때문이다. 석방 이후 그의 대중 연설은 이전보다 훨씬 강렬했다. 그는 자신을 개인적 지도자가 아니라 '생각'과 '꿈'의 화신으로 규정하며, 추종자들에게 상징적 존재로 자리매김했다.

그가 석방 직후 남긴 연설은 이를 잘 보여준다.

"그들은 나의 체포를 명령했다. 나는 그들의 영장에 따를 것이다. 왜냐하면 이제 책임을 그들에게 넘기고 싶기 때문이다. 그들은 이 나라의 모든 불행이 나 때문이라고 생각한다. 그러나 내 생각은 이미 공기 중에 퍼져 있고, 그것을 체포할 수는 없다. 내 꿈을 멈추려 해도, 그 꿈은 이미 여러분의 마음에 남아 있다. 나는 한 인간이 아니라 '생각'이다."

이 메시지는 전형적인 안티히어로 정치의 언어였다. 그는 자신의 결핍과 한계를 인정하면서도, 그것을 초월하는 더 큰 상징으로 자신을 포장했다. 완벽한 지도자가 아니라, 실패와 수난을 겪었지만 그럼에도 불구하고 다시 일어서는 인물. 바로 그 불완전함 속에서 대중은 새로운 신뢰와 애정을 발견했다.

2021년, 브라질 대법원이 그의 유죄 판결을 무효화하면서 정치적 복권이 이루어졌다. 이는 단순한 법적 판결이 아니라 역사적 전환점이었다. 2010년 87%의 지지율로 퇴임했던 대통령이 10년 만에 감옥과 몰락을 거쳐 다시 정치 전면에 복귀하게 된 것이다. 그의 재등장은 브라질 유권자들에게 "민중의 리더는 쉽게 사라지지 않는다"는 강렬한 메시지를 던졌다.

기적의 재기

2022년 브라질 대선은 전 세계의 이목을 집중시킨 역사적 대결이었다. 한쪽에는 군 출신으로 극우적 성향을 앞세운 현직 대통령 자이르 보우소나루가 있었고, 다른 한쪽에는 가난·투옥·몰락을 모두 겪고 돌아온 노동자 출신의 전직 대통령 룰라가 있었다. 결과는 극적인 박빙이었다. 브라질 최고선거법원은 룰라가 50.9%, 보우소나루가 49.1%를 얻었다고 발표하며 룰라를 차기 대통령으로 확정했다. 불과 1.8% 차이의 승부였다. 그러나 이 근소한 차이는 정치사에 남을 '기적의 재기'라는 평가로 이어졌다.

77세의 나이에 세 번째로 대통령직에 오르는 일은 브라질 역사에서 유례가 없었다. 더구나 단순한 재집권이 아니라, 580일의 수감생활을 겪은 인물이 다시 국가 최고 권력자로 복귀했다는 사실은 세계 정치사에서도 보기 드문 드라마였다. 브라질 국민들은 룰라의 정치적 실패와 오점을 모른 척하지 않았다. 오히려 그 상처와 결핍을 공유하며 '우리가 겪은 고통과 같다'고 여겼다.

룰라의 승리는 단순히 개인의 집념을 보여주는 사건이 아니었다. 그것은 브라질 사회의 모순과 열망이 교차한 결과였다. 경제 불평등, 부패, 민주주의의 위기 속에서 많은 국민들은 다시 한 번 노동자 출신 지도자에게 기대를 걸었다. 그의 과거 결핍은 약점이 아니라, 대중과 자신을 연결하는 진정성의 자산으로 변환되었다.

따라서 룰라의 여정은 전형적인 안티히어로 서사로 읽힌다. 그는 태생부터 정치 엘리트가 아니었고, 권력의 정점에서 몰락하여 감옥에 갇혔다. 그러나 바로 그 불완전함과 실패가 오히려 그를 다시금 대통령으로 만든 동력이 되었다. 룰라의 귀환은 '완벽한 지도자'의 귀환이 아니라, 결핍과 시련을 딛고 다시 일어서는 불굴의 인간상을 보여주었다. 이것이야말로 안티히어로 정치가 가진 가장 강력한 힘이었다.

공통 패턴: 안티히어로의 4가지 법칙

지금까지 살펴본 이들의 궤적을 가로지르면 안티히어로 정치의 작동 원리는 네 가지 법칙으로 수렴된다. 이 법칙들은 시대와 국가가 달라도 놀랄 만큼 유사한 궤도를 그리며, 대중 심리와 미디어 환경, 제도 정치의 구조적 빈틈을 정교하게 관통한다.

① 결핍의 동일시: "취약성→신뢰" 전환 장치

첫째는 '결핍의 동일시'다. 안티히어로는 결함을 숨기지 않고 전면에 내세워 취약성을 신뢰로 전환한다. 처칠은 갈리폴리의 실패를 묵살하지 않고 경험의 언어로 재해석해 전시 지도자의 설득력을 키웠고, 트럼프는 각종 스캔들을 "기득권의 표적화"로 프레이밍하여 지지층 결속과 모금을 가속했다. 젤렌스키는 정치 경력의 부족을 평상복과 최전선 영상 메시지로 치환해 일상성과 용기를 한 화면에 담았고, 룰라는 가난한 노동자 출신이라는 결핍을 대표성과 연대의 상징으로 끌어올렸다. 핵심은 자기폭로—유머·사과·개선 약속—재지지의 루프가 신속히 닫히느냐이다. 다만 사과가 제도 개선으로 이어지지 않으면 '연출된 취약성'으로 규정되어 역풍을 맞고, 반복 위기에서 호감도 회복 속도가 둔화되면 동일시 효과는 빠르게 소진된다.

② 적대 구도의 명확화: "복잡성 축소→동원 극대화"

둘째는 '적대 구도의 명확화'다. 안티히어로는 다층적 갈등을 "우리 대 그들"의 선명한 대립으로 압축해 동원 비용을 낮춘다. 처칠이 "자유 세계 대 전체주의"라는 문명적 프레임을 제시했다면, 트럼프는 "딥 스테이트 대 보통 시민"을 호출해 제도 불신을 흡수했다. 젤렌스키는 "우크라이나의 생존 대 러시아의 침략"이라는 존재론적 대결을, 룰라는 "서민·노동 대 부패한 기득권"이라는 분배의 언어를 전면에 세웠다. 인도의 모디가 '루땐스 엘리트'를, 필리핀의 두테르테가 마약 카르텔을 적대의 얼굴로 삼은 것 역시 같은 장치다. 이 전략은 이해를 단순화하고 감정을 집중시키지만, 현실의 복잡성을 삭제해 집권 이후 정책 설계·이행에서 통치 역량 미달을 드러내기 쉽고, 혐오와 폭력을 정당화하는 위험을 동반한다. 결국 성공 여부는 구호의 호소력만이 아니라 스윙층의 수용성과 상대 진영의 반(反)프레임에 얼마나 빠르게 대응하느냐에 달려 있다.

③ 대중 직접 소통: "매개 해체→진정성 신호"

셋째는 '대중 직접 소통'이다. 안티히어로는 전통 매개자(언론·당조직)를 우회해 플랫폼 기반의 1 대 다·다 대 다 연결을 구축한다. 처칠은 라디오 연설로 국가와 개인의 감정 회로를 직결했고, 트럼프는 트위터로 의제 설정권을 역전시켰다. 젤렌스키는 텔레그램과 영상 브리핑으로 전황과 외교를 실시간 스토리로 엮었고, 룰라는 노조 집회와 파업 현장에서 축적한 오프라인 자산을 SNS·메신저로 증폭해 조직적 동원으로 연결했다. 이 방식은 매개 해석을 제거해 '진정성 신호'로 읽히지만, 플랫폼 의존과 알고리즘 변동, 허위정보의 정합성 비용, 말의 과잉과 행동의 결핍이라는 함정을 동시에 품는다. 따라서 관건은 도달·참여를 현장 행동으로 얼마나 전환시키는지, 위기 때 평판을 얼마나 신속히 복구하는지의 실행 역량이다.

④ 제도 바깥 서사: "아웃사이더 정당성→제도 내화(內化) 시험"

넷째는 '제도 바깥 서사'다. 안티히어로는 기성 정치의 외부에서 출발한 이력이 반(反)엘리트 정당성을 부여한다. 처칠은 '정치적 황야'의 시절을 경고자·수호자의 내러티브로 전환했고, 트럼프는 워싱턴 바깥의 사업가 정체성으로 제도 불신을 수렴했다. 젤렌스키는 문화 산업의 대중적 신뢰를 정치로 이식했고, 룰라는 학력의 결핍마저 대표성의 증거로 바꾸었다. 그러나 이 서사는 제도 진입 이후 곧바로 시험대에 오른다. 관료제·의회·정당과의 협치 능력, 인재 풀과 정책 설계 역량, 공약의 법제·예산화라는 내화(內化) 과정에서 실패하면 '영원한 외부자' 프레임은 책임 회피로 읽히고 급격한 환멸로 되돌아온다.

이 네 법칙은 서로 상호작용한다. 결핍의 동일시와 적대 구도의 명확화가 결합하면 팬덤 결속과 신원 정치화가 가속되고, 직접 소통과 적대 구도는 속도와 증폭을 키우는 대신 정확성의 비용을 치른다. 제도 바깥 서사와 결핍의 동일시는 "우리 같은 사람"의 대표성을 극대화하지만, 집권 후 제도 내화에 실패하면 곧장 정당성 붕괴로 이어진다. 지속가능성의 관점에서 보면 세 가지 조건이 분명하다. 첫째, 감정의 에너지를 정책·제도의 성과로 환전하는 '성과의 루틴'이 있어야 한다. 공약의 KPI를 분기별로 공개하고, 성과·실패를 외부 평가로 상시 점검하는 장치가 그것이다. 둘째, 팬덤의 열정을 이견 보호와 증오표현 금지 같은 최소 규칙으로 관리해 토론의 산소를 지켜야 한다. 셋째, 위기 때 책임—개선—재설계의 루프를 공개적으로 운영해 신뢰의 내구성을 높여야 한다.

한국에 이 법칙들을 대입하면 속도와 진폭이 더 커진다. 높은 디지털 밀도, 강한 팬덤, 취약한 당조직의 중개 능력이 맞물리며 네 전략의 효율이 극대화되는 대신 부작용도 빠르게 확대된다. 결국 성패는 "감정 → 성과" 전환을 제도적으로 설계하느냐에 달려 있다. 위기 시 사과·개선 타임라인의 즉시 공개, 팬덤 커뮤니티 행동 강령의 자율 규범화, 공약의 법제·예산 연결 현황의 정기 공시 같은 장치들이 그 전환의 경첩이 된다. 요컨대 안티히어로의 4가지 법칙은 대중의 마음을 여는 열쇠일 뿐, 문을 통과해 집을 세우는 일은 별개의 능력이다. 감정의 정치가 성과의 제도로 환전되는 곳—그 지점에서만 안티히어로는 일시적 현상을 넘어 지속 가능한 리더십으로 성숙한다.

안티히어로 현상의 이유

이 네 사람이 모두 21세기라는 특정한 시기에 부각된 것은 단순한 우연이 아니다. 물론 처칠은 20세기 인물이지만, 그의 진정한 명성은 제2차 세계대전이라는 극한의 위기 상황에서 드러났다. 그리고 오늘날 그가 다시 소환되는 것도 사실은 그의 영웅적 면모가 아니라, 실패와 결핍, 불완전함을 자산으로 바꾼 안티히어로적 특성이 재평가되기 때문이다. 다시 말해, 시대가 그를 필요로 했기 때문에 그가 빛을 발했던 것이며, 오늘의 정치가들이 안티히어로로 주목받는 것도 같은 맥락에서 설명할 수 있다.

첫째, 정보의 투명성 때문이다. 20세기까지만 해도 정치인은 언론의 필터를 통해 이미지를 관리할 수 있었다. 하지만 오늘날 SNS, 24시간 뉴스 사이클, 유튜브와 같은 미디어 환경은 정치인의 사소한 말과 행동까지 실시간으로 노출한다. 완벽한 가면을 쓰고 무결점 이미지를 유지하기란 사실상 불가능해졌다. 오히려 허점을 숨기려다 들통나는 순간 더 큰 타격을 입는다. 그렇기에 차라리 불완전함을 먼저 드러내고 그것을 서사로 포장하는 것이 전략적으로 유리해졌다. '약점의 전략화'가 작동할 수 있는 환경적 조건이 마련된 것이다.

둘째, 기존 정치에 대한 불신이 깊어졌기 때문이다. 2008년 글로벌 금융위기, 코로나 팬데믹, 기후 위기, 불평등 심화 등 연속적인 충격은 기존 정치 엘리트들이 위기를 해결하지 못했다는 인식을 강화했다. 대중은 전통적인 정치 엘리트들을 무능하거나 부패했다고 보게 되었고, 제도권 바깥에서 온 아웃사이더들에게 기대를 걸게 되었다. 이때 등장한 인물들이 트럼프, 젤렌스키, 룰라였고, 한국의 경우 이준석이나 조정훈 같은 인물들이 "새로운 얼굴"로 주목받은 것도 같은 맥락이다.

셋째, 개인화된 정치의 확산이다. 과거의 정치는 정당 중심이었으나, 오늘날은 개별 정치인의 개성과 캐릭터가 정치의 중심이 된다. 정당보다 정치인의 브랜드가 더 강력해졌고, 정책보다 캐릭터가 메시지를 지배한다. 이는 곧 정치가 대중문화의 논리, 즉 연예·팬덤 산업의 논리를 닮아간다는 뜻이다. '팬덤 정치'가 강화되는 것도 이 맥락에서 이해할 수 있다. 개성이 강하고, 결핍을 솔직히 드러내며, 대중과 직접 소통할 줄 아는 인물이 주목받는 이유다.

넷째, 위기의 일상화다. 21세기 들어 위기는 단발적 사건이 아니라 상시적 조건이 되었다. 금융위기, 팬데믹, 전쟁, 기후변화, 지정학적 충돌 등은 일상적인 불안으로 자리 잡았다. 이런 시대에는 평시의 관리자형 지도자보다 위기 상황을 돌파할 '전투형 리더'가 더 설득력을 가진다. 안티히어로는 바로 이 지점에서 대중에게 필요한 인물로 떠오른다. 그들은 불완전하지만, 불완전하기 때문에 위기 속에서 더

'현실적'이고 '진정성 있는' 돌파자로 여겨진다.

흥미롭게도 이러한 안티히어로 현상은 서구에만 국한되지 않는다. 아시아에서도 비슷한 양상을 보이는 지도자들이 부상했다. 필리핀의 로드리고 두테르테(Rodrigo Duterte)는 시장 출신으로 거친 언행과 반엘리트 성향을 무기로 대통령에 올랐고, 인도의 나렌드라 모디(Narendra Modi)는 차 판매원 출신에서 총리가 되며 '평범한 출신'을 정치적 자산으로 활용했다. 일본의 고이즈미 준이치로(小泉 純一郎)도 역시 기존 자민당 정치와는 다른 파격적 스타일로 대중적 인기를 얻었다. 이는 안티히어로 정치가 특정 문화권이나 정치 체제에 국한된 현상이 아니라, 21세기 전 지구적 민주주의의 변화를 반영하는 보편적 현상임을 시사한다.

결국 안티히어로는 시대가 만들어낸 산물이다. 그들은 특정한 환경 속에서만 빛날 수 있으며, 바로 지금 이 시대의 정치가 그들을 필요로 한다. 안티히어로의 부상은 개별 인물의 성공 스토리가 아니라, 정치 환경의 구조적 변화를 반영하는 현상인 것이다.

안티히어로 시대의 의미

 안티히어로 정치학은 매혹적이지만 동시에 위험하다. 우선, 민주주의 제도의 기반을 흔들 수 있다. 안티히어로들은 종종 제도를 우회하거나 무시하며 자신의 정치적 힘을 키우려 한다. 단기적으로는 이 방식이 신선하고 효과적으로 보일 수 있다. 기성 정치의 경직성을 깨고 대중에게 새로운 활로를 열어주기 때문이다. 하지만 장기적으로 보면 이는 민주주의를 떠받치는 제도적 장치 자체를 약화시킬 수 있다. 견제와 균형, 합리적 토론, 절차적 정당성이 희석될 위험이 있는 것이다.

 둘째, 포퓰리즘의 위험이 내재한다. 안티히어로의 정치 방식은 대중과의 직접 소통, 그리고 선악의 이분법적 구도를 강조한다. 이는 복잡한 현실을 단순화하는 힘을 가지지만, 동시에 정책 결정의 질을 떨어뜨릴 수도 있다. 단순한 구호와 감정 동원은 정책 실패로 이어질 가능성이 크다. 결국 대중을 만족시키는 순간의 정치적 승리 뒤에는 구조적 문제를 악화시키는 대가가 따를 수 있다.

 셋째, 개인 의존성이라는 구조적 한계가 있다. 안티히어로 정치는 특정 지도자의 카리스마에 크게 의존한다. 그는 대중에게 하나의 '정치 브랜드'이자 상징으로 기능한다. 하지만 문제는 이 상징이 개인에게 집중되어 있다는 점이다. 그 개인이 몰락하거나 사라지면 정치적 동력도 순식간에 꺼질 수 있다. 이는 정당과 제도의 지속성을 약화시키고 정치의 불안정을 심화시킬 수 있다.

넷째, 정치적 극단화의 가능성이 높다. 적대적 이분법은 정치적 대립을 단순한 갈등이 아니라 '적대 관계'로 격상시킨다. 협상과 타협, 절충과 합의는 설 자리를 잃는다. 정치가 공존의 기술이 아니라 대결의 무대가 되면서 사회 전체가 양극화될 위험이 있다. 결국 민주주의의 일상적 운영 원리 자체가 흔들릴 수 있다.

그럼에도 불구하고 안티히어로 정치의 등장은 분명히 의미가 있다. 그것은 민주주의가 더 이상 과거의 방식으로 운영될 수 없음을 보여주는 징후다. 과거의 민주주의가 소수 엘리트들의 협상과 합의 위에서 굴러갔다면, 이제 민주주의는 대중의 직접적 참여와 감정적 몰입을 통해 작동한다. 완벽한 영웅에 대한 수동적 복종 대신, 불완전한 동반자와의 능동적 소통이 새로운 정치 문법으로 자리 잡고 있다.

따라서 안티히어로 정치학은 민주주의의 심화일 수도 있고, 변질일 수도 있다. 그것은 양날의 검이다. 민주주의를 더 생동감 있고 활기차게 만들 수도 있지만, 동시에 더 불안정하고 극단적인 체제로 바꿔놓을 수도 있다. 중요한 것은 이 변화를 단순히 환호하거나 두려워하는 것이 아니라, 정확히 이해하고 대응하는 것이다. 안티히어로가 만들어내는 새로운 정치 문법을 파악하고, 그것이 제도와 건강한 정치 문화 속에 제어될 수 있도록 해야 한다.

이제 우리는 질문을 던져야 한다. 한국 정치에서도 처칠, 트럼프, 젤렌스키, 룰라와 같은 안티히어로적 인물들이 나타나고 있는가? 그들은 어떤 방식으로 대중의 감정을 동원하고 있는가? 그리고 한국적 맥락에서 안티히어로 정치가 가지는 기회와 위험은 무엇인가? 영웅의 시대는 저물었고, 안티히어로의 시대가 도래했다. 우리가 해야 할 일은 이 새로운 시대의 정치학을 학습하고, 그 긍정적 측면은 제도화하며, 부정적 측면은 통제하는 것이다. 그래야 민주주의의 미래를 제대로 준비할 수 있다.

4장
한국 정치의 안티히어로들
"권위의 종말과 팬덤의 부상"

한국 정치에서도 안티히어로들이 속속 등장하고 있다. 다만 그 양상은 서구와는 다른 독특한 궤적을 보인다. 서구의 안티히어로들은 제도화된 민주주의 속에서 기존 정치 엘리트에 대한 불신을 돌파구 삼아 등장했다. 반면 한국의 경우 궤적이 조금 다르다. 한국은 권위주의 체제에서 민주화 체제로 넘어오는 역사적 과도기 경험을 거치며 독자적 안티히어로 현상이 나타났다. 다시 말해, 산업화·민주화 시대를 거치며 영웅적 카리스마로 국가를 이끌던 지도자들의 시대가 저문 뒤, 보다 파편화된 대중 정치 속에서 새로운 문법을 실험하는 정치인들이 부상한 것이다.

이 과정에서 한국의 안티히어로들은 공통적으로 "기존 정치 엘리트와 다르다"는 점을 전면에 내세운다. 서구처럼 출신 계급이나 사회적 결핍이 결정적 자산이 되는 경우도 있지만, 한국에서는 그보다는 "정치적 문법의 전복"이 더 중요하게 작동한다. 즉, 전통적 권위에 기대지 않고, 자기만의 방식으로 대중과 소통하며, 기존 정치 구조의 기득권성을 깨뜨리려는 태도가 특징적이다.

흥미로운 점은 이런 현상이 진보와 보수를 가리지 않는다는 것이다. 진보 진영에서는 민주화 세력이 기성 정치 세력이 된 이후, 그 내부에서 기득권적 권위주의를 벗어나려는 움직임이 나타났고, 보수 진영에서는 전통적 보수 정치의 형식성과 권위주의에 도전하는 신세대 인물들이 등장했다. 즉, 진영의 구분이 아니라, "기존 정치 문법에 대한 도전"이라는 차원에서 안티히어로들이 공통적으로 모습을 드러낸 것이다.

이는 단순한 정치적 스타일의 변화라기보다, 한국 사회 자체가 권위주의적 정치 문화를 벗어나고자 하는 욕망을 반영한다. 권위적 영웅에 의지하던 방식에서, 불완전하지만 솔직한 정치인, 때로는 무모해 보이더라도 자기 결핍을 드러내는 정치인에게 매혹되는 것이다. 바로 그 지점에서 한국 정치의 안티히어로들은 서구의 사례와 닮으면서도, 동시에 한국 사회의 특수한 역사적 맥락을 드러내는 독자적 서사를 만들어낸다.

노무현: 권위주의 붕괴와 최초의 안티히어로

영웅시대의 종말과 새로운 시작

한국 현대사에서 정치 지도자는 오랫동안 '영웅'으로 호명되었다. 박정희는 산업화를 통해 가난을 극복한 '국가 건설의 영웅'으로, 김대중은 독재에 맞선 민주화 투쟁의 '민주주의 영웅'으로, 김영삼은 군부 정치의 잔재를 청산한 '개혁의 영웅'으로 기억되었다. 이들의 정치적 서사는 모두 거대한 시대적 과제를 등에 업은 '완벽한 지도자'의 신화를 전제로 했다. 영웅은 흔들려서는 안 되고, 실수해서도 안 되며, 결핍은 철저히 은폐되어야 했다.

그러나 1987년 민주화 이후 정치 지형은 달라지기 시작했다. 권위주의 체제가 무너지고 제도적 민주주의가 자리를 잡자, 더 이상 '목숨을 걸고 독재와 싸우는 영웅'의 서사는 대중의 현실과 맞지 않게 되었다. 특히 1997년 IMF 외환위기는 한국 사회의 집단적 심리와 정치적 감수성을 근본적으로 바꿔놓았다. 평생직장이 붕괴되고, 중산층이 몰락하며, 개인의 삶이 거시경제의 격랑에 휘말려 무력하게 흔들린다는 사실을 모두가 체험한 것이다. 이런 현실 속에서 국민이 필요로 한 것은 '거대한 비전'을 제시하는 영웅적 지도자가 아니라, 자신의 고통과 불안을 이해하고 그 곁에 서 줄 수 있는 '동반자적 정치인'이었다.

여기에 미디어 환경의 변화가 겹쳤다. 1990년대 후반 인터넷이 급속히 보급되고, 24시간 케이블 뉴스 채널이 확산되면서 정치인의 말과 행동은 실시간으로 노출되기 시작했다. 과거처럼 완벽하게 연출된 이미지로 국민 앞에 서는 것은 점점 불가능해졌다. 동시에 시민들의 정치 의식은 빠르게 성숙했다. 고학력화, 정보화, 시민사회의 성장으로 인해 국민은 더 이상 일방적으로 '위대한 영웅'을 추종하지 않고, 쌍방향의 소통과 공감을 원했다. 정치가 거대 담론에서 생활의 언어로 이동하기 시작한 것이다.

바로 이 전환점에서 노무현이 등장했다. 그는 기성 정치의 문법을 따르지 않았다. 지역주의와 권위주의라는 낡은 틀을 깨려 했고, 거대담론 대신 국민 한 사람 한 사람의 삶과 감정을 건드렸다. 변호사 출신의 평범한 정치인이자, 때로는 촌스러울 정도로 솔직한 그의 언행은 전통적인 '완벽한 영웅'의 이미지와는 거리가 멀었다. 오히려 결핍을 숨기지 않고 드러내며, 국민 앞에서 실수하고 넘어지는 모습을 보여주었다. 바로 그 불완전함이 새로운 시대가 요구한 진정성이었다.

그는 의도했든 그렇지 않았든, 한국 정치사에서 가장 선명하게 안티히어로적 특성을 드러낸 인물로 자리 잡았다. 영웅의 시대를 마무리하고, 대중 속으로 들어가는 정치의 새 문법을 연 인물. 노무현은 한국 정치에서 권위주의의 붕괴를 상징하면서, 동시에 '안티히어로 정치학'의 첫 장을 열었다.

고졸 대통령과 결핍의 정치학

노무현만큼 안티히어로적 특성을 선명하게 보여준 한국의 정치인은 드물다. 그가 대통령이 되었다는 사실 자체가 한국 정치사의 문법을 깨뜨리는 사건이었다. 그는 부산상고 졸업이 최종학력이었다. 당시 정치권은 '스카이(서울대·고려대·연세대)' 출신이 당연시되는 세계였다. 김영삼, 김대중, 이명박 등 굵직한 정치인들 모두 명문대 졸업장이 권력의 통행증처럼 작동하던 시대였다. 그 틀을 깨고 고졸 출신이 대통령이 된 것은, 한국 정치의 지형을 근본적으로 뒤흔든 사건이었다.

 노무현은 이 결핍을 숨기지 않았다. 오히려 자신의 정체성으로 전면에 내세웠다. 사법고시에 합격해 변호사가 된 과정조차 '개천에서 용 났다'는 식의 개인적 성공 서사가 아니라, 노동자와 서민의 권익을 위해 투신한 선택으로 포장했다. 명문대 출신이 아니었기에 오히려 더 현실에 가깝고, 가진 것 없는 사람들의 편에 설 수 있다는 메시지를 던졌다. 그의 결핍은 약점이 아니라 새로운 정치적 자산이었다.

 정치 여정 또한 순탄치 않았다. 2004년 3월 12일, 한국 정치사에 전례 없는 대통령 탄핵 사태가 벌어졌다. 국회는 찬성 193표, 반대 2표, 기권 12표, 무효 2표라는 압도적 표차로 탄핵소추안을 가결했다. 사유는 공직선거법상 정치적 중립 위반. 그는 기자회견에서 "대통령을 노무현 뽑았으면 나머지 4년 일 제대로 하게 할 거냐, 아니면 흔들어서 못 견디게 해서 내려오게 할 거냐"라고 직설적으로 말했는데, 이 발언이 문제가 되었다. 하지만 바로 이 직설성이 노무현의 특징이자 매력이었다. 그는 포장된 언어 대신 날것의 언어로 국민 앞에 섰고, 그 솔직함이 때로는 제도와 충돌했다.

 아이러니하게도 탄핵은 그를 무너뜨리기는커녕 오히려 대

중적 지지를 강화시켰다. 전국 곳곳에서 '탄핵무효, 부패정치 척결'을 외치는 촛불집회가 들불처럼 번졌다. 이 장면은 전형적인 안티히어로 서사였다. 완벽하지 않은 지도자가 기득권 세력의 공격을 받으면서 오히려 더 큰 지지를 얻는 구조. 결국 63일 뒤 헌법재판소는 탄핵을 기각했고, 노무현은 대통령직에 복귀했다.

이 과정에서 그의 별명인 '바보 노무현'은 더 강화되었다. 이는 조롱이 아니라 애정의 표현이었다. 정치를 지나치게 계산적으로 하지 못하고, 때로는 손해 보더라도 원칙을 지키려는 '순수함'과 '솔직함'이 오히려 매력으로 받아들여진 것이다. 이 애정은 조직화되었고, 대한민국 최초의 정치인 팬클럽인 '노사모(노무현을 사랑하는 사람들의 모임)'의 영향력이 진영을 넘어 일반 국민에게까지 스며들었다. 이는 한국 정치사에서 팬덤 정치의 효시이자, 안티히어로 정치의 결정적 장면이었다.

노무현 현상의 본질은 바로 여기에 있다. 그는 자신의 결핍을 정치적 자산으로 바꾼 한국 정치사의 첫 번째 지도자였다. 학력의 부족, 정치적 실수, 직설적 언어, 권위 없는 태도. 전통 정치의 관점에서는 약점이 될 요소들이, 오히려 그를 더 인간적으로 만들었고 대중에게는 진정성으로 읽혔다.

이는 한국 정치에서 '결핍의 미학'이 작동할 수 있음을 보여준 결정적 사건이었다. 완벽하지 않기 때문에 더 사랑받을 수 있고, 실패했기 때문에 더 신뢰받을 수 있다는 역설. 노무현은 영웅의 시대에서 안티히어로의 시대로 넘어가는 첫 번째 전환점에 서 있었다.

이준석: 0선의 역설과 세대교체

36세 당대표의 충격

2021년 6월 11일, 한국 정치사에 새로운 기록이 만들어졌다. 이준석이 국민의힘 당대표에 선출되면서 헌정 사상 처음으로 30대 국회 교섭단체 대표가 된 것이다. 1985년생, 당시 만 36세. 집권여당과 제1야당을 통틀어 이런 사례는 없었다. 이는 단순한 세대교체가 아니라, '경력이 권위'라는 기존 정치 문법을 정면으로 뒤흔드는 사건이었다.

하지만 이준석의 안티히어로적 특성은 단순히 '젊은 나이'라는 신선함에서 비롯된 것이 아니었다. 그는 의도적으로 정치 문법의 결핍을 전면에 내세웠다. 국회의원 당선 이력이 전무한 '0선' 정치인. 전통적인 관점에서는 치명적 약점일 수밖에 없는 조건이었다. "국회에 발도 들이지 못한 인물이 어떻게 거대 정당을 이끌 수 있겠는가?"라는 회의적 시선이 지배적이었다. 하지만 이준석은 이런 의문을 오히려 자신의 무기처럼 활용했다. "나는 기득권이 아니므로 변화를 만들 수 있다"는 역설적 메시지였다.

당대표 선거 과정에서 그는 기존의 중진들과 정면으로 맞섰다. 주호영(5선), 나경원(4선), 조경태(4선), 홍문표(4선) 등 오랜 정치 경력을 가진 후보들이 버티고 있었지만, 결과는 압도적이었다. 이준석은 당원 투표에서 37.41%, 일반 여론조사에서 58.76%를 얻어 합산한 최종 결과 43.82%로 승리했다. 단순한 '젊음의 돌풍'이 아니라, 기존 정치 질서에 대한 정면 도전이자 심판이었다.

이 충격은 정치적 상징성을 가졌다. 그것은 단순히 한 명의 젊은 지도자의 부상이 아니라, 기존 한국 정치의 권위주의와 연공서열 문화가 도전을 받았다는 신호였다. 정치 경험이 많을수록 유리했던 전통의 룰은 무너졌다. 오히려 경험이 없다는 것이, 즉 '0선'이라는 결핍이 새로운 정당성과 매력으로 작동했다. 이는 한국 정치에서 안티히어로적 정치가 본격적으로 제도권 안으로 진입했음을 알린 사건이었다.

기존 관행에 대한 의도적 거부와 갈라치기 전략

이준석의 안티히어로적 특성은 당대표 취임 첫날부터 여실히 드러났다. 전통적으로 한국 정치권에서 지도자가 임명되면 가장 먼저 찾는 곳은 서울현충원이다. 이는 정치인의 권위와 애국심을 상징하는 의례로 자리 잡아왔다. 그러나 이준석은 이 관행을 단호히 거부했다. 대신 그는 따릉이와 대중교통을 타고 국회에 출퇴근하는 모습을 공개하며 '젊은 세대의 일상'을 정치 무대로 끌어왔다. 이는 단순한 이동 수단의 선택이 아니라, 기존 정치가 당연시해온 의례적 행보를 깨뜨리려는 의도적 메시지였다.

당 대변인 선발 방식에서도 그는 기존 정당 정치의 관습을 송두리째 흔들었다. 밀실에서 이루어지던 인선 대신 '공개 오디션' 방식을 도입했다. 2003년생 고등학생부터 1942년생 노년층까지 세대를 초월한 인물들이 참여했고, 이를 국민 앞에서 경쟁시키는 형식은 정당 조직의 경직성과 폐쇄성을 비판하는 퍼포먼스였다. 이 장면은 이준석의 정치 스타일을 잘 보여준다. 정치적 권위를 낮추고, 대신 공개성과 경쟁의 원리를 내세운 것이다.

그가 내놓은 공약들도 모두 파격의 연속이었다. '여성·청년할당제 폐지', '공천 후보자 자격시험 도입', '주요 당직의 공개경쟁 선발'은 기존 정치권의 기득권 구조와 정면으로 충돌하는 제안이었다. 특히 여성할당제 폐지는 진보와 보수 모두에서 논란을 불러일으켰다. 전통적 보수정당의 구태를 혁신하는 것이 아니라, 오히려 정치적 올바름(PC)을 거부하는 방식으로 청년 남성층의 분노를 정치적 자산으로 전환시킨 것이다.

무엇보다 주목을 받은 것은 이른바 '갈라치기' 전략이다. 20대 대선을 앞두고 그는 여성 문제와 장애인 이동권 문제를 정치의 전면으로 끌어올렸다. 여성가족부 폐지를 강하게 주장했고, 장애인 단체의 지하철 시위를 '시민의 권리 침해'라고 비판했다. 이는 전형적인 안티히어로적 전술이었다. 복잡한 사회문제를 단순한 이분법으로 재구성하고, 그 속에서 지지층이 결집할 수 있는 적대 구도를 만들어낸 것이다.

물론 이 전략의 성과에 대해서는 의견이 엇갈린다. 2022년 대선에서 실제로 20대 남성의 국민의힘 지지율은 크게 상승했지만, 20대 여성의 표심은 이재명 후보 쪽으로 기울었다. 즉, 선거 결과만 놓고 본다면 갈라치기는 절반의 성공이었다. 그러나 더 중요한 것은 성과 자체가 아니라 그가 기존 정치인의 '보편적 어법'을 거부했다는 점이다. 모든 세력을 아우르려는 무난한 언어 대신, 특정 집단을 겨냥해 노골적 메시지를 던지고 갈등을 회피하지 않았다. 이는 그를 '기존 정치의 반대편'에 서 있는 안티히어로로 자리매김하게 했다.

몰락과 재기의 완전한 서사

그러나 이준석의 안티히어로 서사는 결코 직선적이지 않았다. 화려한 부상만큼이나 빠른 몰락이 뒤따랐다. 2022년 성접대 의혹과 내부 갈등이 불거지면서 그는 윤석열 정부와 여당 내 핵심 세력인 친윤계의 집중 포화를 받았다. 당 윤리위원회의 징계로 직무가 정지되었고, 이어 비상대책위원회 체제로 전환되면서 사실상 당대표직에서 축출되었다. 이는 단순한 정치적 위기 이상의 의미를 지녔다. '0선의 기적'으로 당대표가 된 인물이 다시 제도권 정치의 벽에 가로막히며, 전형적인 안티히어로의 결핍—기득권에 의해 밀려나는 아웃사이더의 운명—을 재현한 것이다.

흥미로운 점은, 이러한 몰락이 오히려 그의 서사를 강화했다는 사실이다. 보통의 정치인에게 스캔들과 징계는 정치 생명의 종말을 의미한다. 그러나 이준석의 경우, 대중은 그를 '기득권의 희생양'으로 받아들였다. 그가 기성 정치 질서로부터 배제당하는 과정은, 그가 늘 주장해온 "청년 대 기득권" 구도를 실물로 입증하는 사건이 되었다. 몰락이 아니라 오히려 정체성의 강화였다.

2023년 12월 27일, 그는 국민의힘을 전격 탈당하며 새로운 정당, '개혁신당'을 창당했다. 더 놀라운 것은 창당까지 걸린 시간이 불과 하루였다는 점이다. 기존 정당 질서의 무게와 절차적 장벽을 비웃기라도 하듯, 그는 단숨에 창당 요건을 충족시켰다. 이는 정치권에 충격을 주었고, 동시에 대중에게는 그의 '기존 정치 문법 거부' 서사를 다시 한 번 각인시켰다.

이후 2024년 1월 20일 개혁신당의 초대 당대표로 선출되면서 그는 몰락의 바닥에서 다시 정치의 전면으로 복귀했다. 4월 제22대 총선에서는 경기 화성시 을 지역구에서 당선되며 제도권 정치 무대에서 재기에 성공했다. 이는 단순한 '생환'이 아니라, 새로운 정치적 실험의 발판이었다. 제도권에 의해 몰락했지만, 대중의 힘을 기반으로 다시 일어선 것이다.

더 나아가 그의 지지층은 이 과정을 일종의 성장 서사로 해석했다. 실패와 좌절을 겪고 다시 일어서는 모습은 오히려 리더십의 매력으로 작동했다. 전통적인 영웅이 결함 없는 완벽함으로 존경을 받았다면, 안티히어로는 불완전함과 추락, 그리고 다시 일어서는 회복 과정에서 공감을 얻는다. 이준석의 경우, 몰락은 재기의 전제가 되었고, 그 재기는 다시 지지층의 충성도를 강화하는 자산으로 변환되었다.

결국 그는 2025년 제21대 대선의 후보로까지 나아갔다. 이는 안티히어로적 서사의 정점이었다. 권력에서 배제되고, 도덕적 비난을 받으며 몰락한 인물이 자신의 결핍을 인정하고 다시 밑바닥에서 출발해 최고 권력의 자리에 도전하는 이야기. 몰락과 재기, 결핍과 성장, 배제와 복귀—이 모든 것이 결합되어 이준석의 정치사는 안티히어로적 서사의 전형을 완성해냈다.

이재명: 극빈 서사와 스캔들의 정치학

소년공에서 대통령까지

이재명의 안티히어로적 특성은 무엇보다도 그의 극빈 출신에서 비롯된다. 1963년 경상북도 안동의 가난한 집안에서 태어난 그는 어린 시절부터 생존을 위해 노동 현장에 내몰렸다. 초등학교를 졸업하자마자 경기도 성남으로 이주해 소년공 생활을 시작했는데, 이는 단순히 '서민 출신 정치인'이라는 범주를 넘어서는 수준이었다. 그의 가난은 사회학적으로도 '극빈층'으로 분류될 만한 환경이었고, 성장 과정은 한국 근대사의 고단한 이면을 압축적으로 보여준다.

소년공 시절 그는 공장에서 일하다가 프레스기에 왼쪽 팔이 끼어 관절이 으스러지는 산업재해를 당했다. 열여섯의 나이에 성장기의 골격이 부러진 뼈와 어긋나면서 팔은 평생 굽은 채로 남게 되었고, 결국 장애 등급 판정을 받았다. 당시 그는 치료조차 제대로 받지 못한 채 계속 노동에 매달려야 했다. 즉, 그의 신체적 결핍은 단순한 사고가 아니라, 빈곤과 사회적 불평등이 만들어낸 구조적 결과였다.

그러나 이재명은 이런 배경을 숨기지 않았다. 오히려 스스로의 정치적 정체성의 핵심으로 전환시켰다. 중학교·고등학교 과정을 모두 검정고시로 통과한 뒤, 1982년 중앙대학교 법과대학에 진학했고, 어려운 형편 속에서도 특별장학생 제도로 학업을 이어갈 수 있었다. 이어 1986년 사법시험에 합격하면서 그는 본격적으로 사회적 이동의 길에 들어섰다. 하지만 그의 선택은 '개인적 성공'에 머물지 않았다. 이재명은 곧바로 인권변호사의 길을 걸으며, 성남 지역의 노동자·서민 문제를 대변했다.

그가 정치 무대에서 자주 사용하는 "개천에서 용 난다"라는 표현은 단순한 수사가 아니다. 이는 그의 인생 서사를 압축한 문장이며, 동시에 그가 대중과 맺는 정서적 연결고리다. 이재명은 스스로의 성취가 개인적 능력만의 결과가 아니라고 말한다. 극빈의 소년공이 법조인이 될 수 있었던 것은 제도의 틈새와 사회적 기회의 산물이라는 점을 강조한다. 이는 유권자들에게 중요한 메시지를 준다. 그의 성공은 특별한 천재성의 결과가 아니라, 제도적 기회가 주어진다면 누구나 가능하다는 희망의 상징이라는 것이다.

따라서 이재명의 출신 배경은 단순히 개인 서사의 일부가 아니라, 정치적 자산으로 승화되었다. 그의 신체적 결핍은 "약자의 대변자"라는 정치적 이미지로, 가난과 고난의 서사는 "서민 대통령"이라는 정체성으로 전환되었다. 이런 점에서 그는 한국 정치에서 가장 전형적인 '결핍의 정치학'을 구현한 인물이라 할 수 있다.

스캔들이 자산이 된 남자

이재명의 안티히어로적 특성에서 빼놓을 수 없는 것이 각종 스캔들과 의혹들이다. 성남시장과 경기도지사 시절 추진했던 대장동 개발 과정에서 특정 업체에게 특혜를 몰아줬다는 '대장동 특혜 의혹', 쌍방울 그룹의 변호사비 대납 의혹, 그리고 배우 김부선과의 스캔들까지. 전통적으로 이런 사건들은 정치적 생명을 끝장낼 치명적 약점이었다. 한국 정치사에서 '도덕성'은 정치인의 기본 자격처럼 여겨졌고, 도덕적 흠결은 곧 몰락으로 이어지는 경우가 많았다.

특히 대장동 사건은 복잡한 양상을 보였다. 성남시장 시절 이재명이 추진한 대장동 도시개발사업에서 화천대유자산관리가 막대한 배당금을 챙겼다는 사실이 알려지면서, "이재명이 측근들에게 특혜를 준 것 아니냐"는 의혹이 제기된 것이다. 화천대유는 공모 일주일 전인 2015년 2월에 설립된 신생업체였으며, 자본금 5,000만 원으로 출발해 불과 3년 만에 577억 원의 배당금을 챙겼다. 게다가 대주주가 과거 이재명을 인터뷰했던 언론인 출신이라는 점이 의혹을 증폭시켰다.

그러나 이재명은 정면 돌파를 택했다. 그는 "대장동 사업은 단군 이래 최대 규모의 공익 환수"라며, 성남시가 5,503억 원을 환수했다고 강조했다. 법원도 재판 과정에서 이 환수 구조가 실제로 작동했음을 인정한 바 있다. 그는 '특혜 의혹'이 아니라 '공익 환수 성과'라는 대조적 프레임으로 싸운 것이다. 김부선과의 스캔들 역시 부인하면서도 단순히 숨기려 하지 않고, '사생활 문제'라는 프레임을 통해 공적 영역과의 경계를 선명하게 나누려 했다.

이런 대응 방식이 가능했던 이유는 한국 사회에 뿌리 깊게 자리 잡은 정치 불신 때문이다. 국민들은 이미 정치권 전체를 '썩은 구조'로 바라보고 있었고, '깨끗한 정치인'에 대한 기대보다 '내 편이면 된다'는 실용적 태도가 강화되었다. 이런 조건 속에서 이재명은 오히려 자신의 약점을 "모두가 다 똑같다"는 방식으로 일반화시켰다. 그 결과 스캔들은 그의 결핍을 드러내는 대신, 오히려 진정성을 부각하는 자산이 되었다. 완벽한 척하는 정치인들보다 차라리 결점 있는 지도자가 더 현실적이고 더 솔직하다고 받아들여진 것이다.

즉, 스캔들이 그를 무너뜨린 것이 아니라, 오히려 '기득권의 공격을 받는 아웃사이더'라는 이미지를 강화해 주었다. 이것이야말로 안티히어로 정치학의 전형적 패턴이다. 스캔들이 치명적 약점이 아니라, 대중과의 동일시를 강화하는 자산으로 전환되는 순간 말이다.

재판정에서 청와대까지의 가능성

이재명의 안티히어로 서사에서 가장 극적인 장면은 바로 재판과 대권 도전이 동시에 진행되었다는 사실이다. 2022년부터 2025년까지 그는 더불어민주당 대표직을 유지하며 동시에 대장동 개발 의혹, 쌍방울 변호사비 대납, 선거법 위반 등 여러 건의 재판에 피고인 신분으로 섰다. 통상적으로 이런 상황은 정치인의 몰락을 의미한다. 기소 자체만으로도 정치적 타격을 입는 것이 일반적이기 때문이다. 그러나 이재명은 오히려 정반대의 길을 걸었다. 각종 재판을 받으면서도 당 대표직을 지켰고, 결국 2025년 제21대 대통령 선거에서 승리하여 청와대(현 용산 대통령실)에 입성했다.

이 장면은 브라질의 룰라를 떠올리게 한다. 룰라는 2017년 부패 혐의로 구속되어 580일간 수감 생활을 했지만, 2022년 대선에서 재기해 다시 대통령에 당선됐다. 이재명 역시 비슷한 서사를 밟았다. '감옥에서 청와대까지'라는 극적 내러티브는 아니었지만, '재판정에서 청와대까지'라는 변형된 서사가 한국판 룰라의 모습을 만들었다. 두 사람 모두 법정에 선 인물이었지만, 대중은 그것을 '부패한 기득권 세력의 정치적 보복'으로 해석했다는 점에서 유사하다.

여론은 첨예하게 갈라졌다. 일부는 "재판을 받는 사람이 대통령이 되다니, 민주주의의 수치"라고 비판했지만, 다른 일부는 "강력한 차기 대선 후보라는 이유로 이렇게까지 고초를 겪는구나"라며 동정과 결집을 보였다. 특히 후자의 서사가 이재명의 지지층을 더욱 단단하게 만들었다. 그에게 쏟아지는 검찰 수사는 정치적 위협이 아니라 오히려 '피해자 서사'를 강화하는 재료가 되었다.

　이런 현상은 전형적인 안티히어로 효과다. 전통적 영웅은 흠결이 없는 존재로 숭배되지만, 안티히어로는 결핍과 상처를 드러낼수록 지지층의 감정적 동일시를 불러일으킨다. 이재명은 피고인석에 앉은 모습조차 "기득권의 탄압을 받는 서민 출신 정치인"이라는 이미지로 전환시켰다. 정치적 적대자들의 공격은 그를 무너뜨리지 않고, 오히려 결속의 자산이 되었다. 결국 그는 불완전함을 무기 삼아 정상에 올랐다. 바로 이것이 재판정에서 청와대까지의 가능성을 실현한 안티히어로 정치학의 힘이다.

진보·보수를 가로지르는 안티히어로의 확산

이념을 넘어선 현상

　한국 정치에서 흥미로운 점은 안티히어로 현상이 특정 이념 진영에 국한되지 않는다는 것이다. 진보와 보수, 좌파와 우파를 가리지 않고 전개되며, 이는 한국 사회의 구조적 특징과 맞닿아 있다. 노무현은 진보 정치인이었고, 이준석은 보수 정치인이며, 이재명은 다시 진보 진영의 핵심 인물이다. 하지만 이들 모두가 공유하는 것은 '결핍을 숨기지 않고 드러내며, 그것을 정치적 자산으로 전환한다'는 안티히어로적 특성이다. 다시 말해, 진영의 구분보다 '대중 앞에서 불완전한 인간으로 서는 방식'이 더 중요한 정치적 무기가 된 셈이다.

이는 한국 사회 전반에 깊게 자리한 정치 불신과도 맞닿아 있다. 경제위기, 정치 스캔들, 세대 간 불평등 문제를 겪으며 국민은 정치 엘리트에 대한 신뢰를 거의 잃었다. 따라서 진보든 보수든 '완벽한 영웅' 이미지를 내세우는 지도자보다는, 실수와 결핍을 드러내는 안티히어로적 인물들이 오히려 더 진정성 있게 다가오는 것이다. 이 지점에서 안티히어로는 단순히 한 개인의 스타일이 아니라, 한국 민주주의의 변화된 조건을 반영하는 징후라 할 수 있다.

윤석열: 현대 보수정치의 안티히어로

보수 진영에서도 이러한 흐름은 분명히 관찰된다. 윤석열 전 대통령의 등장이 대표적이다. 그는 정치인이 아니라 검사 출신으로, 정치 기반이 약하고 정치 경험이 짧은 상태에서 대통령 선거에 나섰다. 기존 정치권에서는 '준비되지 않은 후보'라는 비판이 많았지만, 대중은 오히려 이를 매력으로 받아들였다. 검찰총장 시절 권력자들과 충돌하며 보여준 강단, 그리고 대통령 후보가 된 이후에도 이어진 거친 화법은 기성 정치인의 '말 잘하는 이미지'와 대비를 이루었다. 그의 말은 때로는 실언으로 논란이 되었지만, 동시에 '솔직하다', '가식이 없다'는 평가를 받으며 안티히어로적 이미지를 강화했다. 결국 이런 불완전함이 대중의 정치 불신과 결합해, 대통령 당선이라는 성과로 이어진 것이다.

그러나 2025년 1월 15일 새벽, 한국 정치사에 전례 없는 사건이 벌어졌다. 서울 한남동 대통령 관저 인근은 일촉즉발의 긴장감으로 얼어붙어 있었다. 불과 몇 시간 뒤면 대한민국 역사상 처음으로 현직 대통령이 내란죄 혐의로 체포되는 순간이 현실이 될 참이었다. 전날까지 권력을 쥐고 있던 대통령이 이제는 군부 쿠데타를 방불케 하는 비상계엄을 선포한 장본인으로서, 수갑을 차게 되리라고는 누구도 쉽게 상상하지 못했다. 그러나 윤석열 대통령은 끝내 스스로 그 길을 택했다. "자유를 지키기 위한 불가피한 결단"이라 포장된 그의 계엄령은 오히려 자유 민주주의를 짓밟는 폭거가 되었고, 마침내 법과 시민의 심판대에 올라서게 된 것이다.

이 극적인 현실 드라마의 이면에서, 또 다른 드라마가 전개되고 있었다. 윤석열의 몰락을 비극적 영웅 서사로 받아들이는 사람들, 이들은 스스로를 '윤어게인'이라 이름 붙이며 길거리로 나왔다. 헌법재판소의 파면 결정에 통곡하고, 구속 수감되는 그를 마치 사지로 향하는 장군처럼 배웅한 이들의 눈에는, 윤석열은 패배한 것이 아니었다. 오히려 그는 "어둠의 세력"에 맞서 싸우다 잠시 쓰러졌을 뿐 언젠가 돌아올 지도자였다. "우리가 윤석열 대통령을 지킨다"는 피켓을 들고 태극기와 성조기를 흔드는 지지자들의 모습에서는 2017년 박근혜 탄핵 당시 광장을 메웠던 태극기 부대가 겹쳐 보였다. 대다수 국민이 등을 돌린 상황에서도 콘크리트 지지층은 결코 무너지지 않는 벽처럼 그를 떠받쳤다. 그들은 윤석열을 향한 사법부의 단죄를 '정치 보복'이자 '좌익 세력의 음모'로 규정했고, 스스로를 대한민국을 구하기 위한 최후의 결사대로 여겼다.

윤석열 전 대통령의 사례는 이 책이 말하는 '안티히어로'의 개념을 현실 정치에 그대로 투영시킨 듯한 보기라 할 수 있다. 그는 분명 헌법과 법치를 파괴한 주역으로서 사회의 공적(公敵)이 되었지만, 동시에 열광적인 추종자들 앞에서는 구국의 영웅으로 재탄생했다. 선과 악, 영웅과 악당의 경계가 무너지고 뒤섞이는 이 모습이야말로 현대 한국 정치에 나타난 안티히어로의 초상이다. 대중은 더 이상 정의로운 영웅만을 지도자로 추앙하지 않는다. 때로는 법을 어긴 지도자도 자신의 신념을 대변해준다면 추종하고 미화한다. 윤석열을 둘러싼 두 개의 상반된 이야기는, 우리 사회가 어떻게 안티히어로를 생산하고 소비하는지 극명하게 보여주는 사례인 것이다.

조국: 현대 진보정치의 안티히어로

진보 진영에서는 조국 전 법무부 장관의 사례가 가장 극적인 안티히어로적 서사를 보여준다. 조국의 안티히어로적 여정은 그의 완벽해 보였던 엘리트 배경에서 시작된다. 1965년 부산에서 태어나 1982년 서울대 법과대학에 입학한 그는 미국 UC 버클리에서 법학 석사와 박사학위를 취득하고 서울대 교수가 된 전형적인 엘리트 코스를 밟았다. 그는 참여연대 운영위원, 국가인권위원회 인권위원 등을 거치며 진보 지식인의 상징으로 자리잡았다. 하지만 바로 이 완벽함이 역설적으로 그를 안티히어로로 만든 출발점이 되었다.

2017년 문재인 정부 초대 민정수석으로 임명된 조국은 2019년 8월 9일 법무부 장관 후보로 지명되면서 인생의 전환점을 맞는다. 그런데 장관 후보 지명과 함께 제기된 각종 의혹들은 그의 완벽한 이미지를 단숨에 무너뜨렸다. 딸의 고려대·부산대 의학전문대학원 입학 과정에서 허위 인턴활동 증명서와 표창장이 사용됐다는 의혹, 가족이 투자한 사모펀드 코링크PE를 통한 부당이득 의혹 등이 연이어 터져 나왔다. 완벽한 엘리트였던 인물이 순식간에 온갖 의혹에 휘말린 존재가 된 것이다.

조국 사태의 핵심적 아이러니는 '검찰 개혁을 위해 임명된 법무부 장관이 검찰 수사를 받게 됐다'는 점이다. 문재인 정부는 조국 후보자 지명 사유를 "검찰과 법무부 등 권력기관 개혁을 입법화하기 위한 취지"라고 설명했다. 그런데 바로 그 검찰이 조국과 그의 가족에 대한 대규모 수사에 착수한 것이다. 이는 단순한 정치적 갈등을 넘어, 한국 사회 전체를 둘로 가른 상징적 대결이 되었다.

2019년 9월 16일부터는 서울중앙지방검찰청 앞에서 "사법 적폐 청산을 위한 검찰 개혁 촛불문화제"가 연일 개최되었고, 주최 측은 8차 집회에 300만 명이 참가했다고 주장했다. 동시에 조국 장관을 반대하는 국민들이 광화문광장에서 문재인 정부를 규탄하고 조국 법무부 장관 사퇴를 촉구하는 맞불 집회를 개최했다. 한 명의 장관을 둘러싸고 전국이 찬반으로 갈라진 것이다. 이 과정에서 조국은 전형적인 안티히어로의 면모를 드러냈다. 그는 자신을 향한 공격을 '기득권 검찰의 저항'으로 규정했고, 지지자들은 그를 '불완전하지만 용기 있는 개혁가'로 받아들였다. 2019년 10월 9일 여의도에서 열린 "우리가 조국이다" 집회는 그를 향한 열광적 지지를 상징하는 장면이었다.

결국 조국은 법무부 장관 임명 35일 만인 2019년 10월 14일 사퇴했다. 하지만 그의 안티히어로적 서사는 여기서 끝나지 않았다. 검찰은 2019년 마지막 날인 12월 31일, 국회에서 고위공직자범죄수사처 법안이 통과된 다음날 조국을 12개 혐의로 불구속 기소했다. 이 타이밍 자체가 정치적 의도를 드러내는 것 아니냐는 논란을 불러일으켰다. 5년간의 긴 재판 과정은 조국 지지층에게는 '사법 적폐의 끈질긴 보복'으로, 반대층에게는 '정의로운 심판'으로 각각 해석되었다. 조국은 2023년 1심에서 징역 2년을 선고받았고, 2심에서도 같은 형이 확정되었다. 그러나 이런 법적 처벌이 오히려 그의 정치적 영향력을 키우는 역설이 나타났다.

가장 극적인 반전은 2022년 조국혁신당 창당이었다. 재판을 받는 몸으로 정당을 만들고 2024년 제22대 총선에서 비례대표로 국회에 입성한 것이다. 이는 한국 정치사에서 유례를 찾기 힘든 일이었다. 범죄 혐의로 기소된 인물이 국회의원이 되고, 심지어 자신의 이름을 딴 정당까지 만든 것이다. 조국혁신당의 지지층, 일명 '조국펜덤'은 그를 '불완전한 개혁가'로 신화화했다. 그들에게 조국의 입시 비리나 사모펀드 의혹은 '기득권이 만들어낸 허상'이었고, 그에 대한 사법부의 판결은 '정치 보복'이었다. 검찰 개혁을 위해 싸우다 희생당했다는 서사가 지지층 사이에서 굳어졌다.

  2024년 12월 12일 대법원에서 징역 2년이 확정되면서 조국은 의원직을 상실했다. 하지만 여기서도 반전이 기다리고 있었다. 2025년 8월 15일 이재명 정부의 광복절 특별사면으로 출소하게 되었고, 피선거권까지 회복되어 정치 활동 재개가 가능해졌다. 이는 브라질의 룰라를 연상시키는 '감옥에서 청와대까지'의 변형된 서사였다. 조국의 지지자들은 그를 '흠 없는 성인'으로 보지 않았다. 오히려 흠이 있음에도 불구하고 기득권을 건드렸다는 사실을 높이 평가했다. 결핍과 흠결이 도리어 정치적 동일시의 자산으로 작동한 것이다. 이는 단순히 정치적 충성심 때문만이 아니라, 그의 지지자들이 그를 '불완전한 개혁가'로 인식했기 때문이다. 기득권에 맞서다가 희생당했다는 서사, 완벽하지 않은 인간이지만 끝내 개혁을 시도한 인물이라는 이미지가 안티히어로적 정치학과 맞아떨어졌다.

팬덤 정치와 적대의 정치학

결국 한국 정치의 안티히어로 현상은 진영을 초월한다. 이는 단순히 개인의 특성이나 사건의 결과가 아니라, 한국 정치 전반에 흐르는 구조적 불신과 시대적 변화를 반영한다. 국민은 더 이상 영웅을 원하지 않는다. 대신 '자신처럼 불완전한 사람'이 권력의 중심에 서는 모습을 통해 정치에 참여하고 있다는 감각을 얻고 싶어 한다. 이 때문에 진보와 보수를 가리지 않고, 안티히어로적 정치인들이 계속해서 부상하는 것이다.

가령 노무현의 노사모에서 시작된 팬덤 정치는 이제 거의 모든 주요 정치인에게 확산됐다. '노무현을 사랑하는 사람들의 모임(노사모)'은 한국 정치사 최초의 정치 팬덤이자, 이후 모든 정치 세력이 따라 하게 되는 원형을 만들었다. 당시만 해도 정치는 특정 인물에 대한 팬덤이 아니라, 이념과 정당 중심으로 조직되는 것이 일반적이었다. 그러나 노사모는 정당보다 인물, 정책보다 캐릭터에 집중했고, 그 흐름은 이재명의 '개딸(개혁의 딸)', 이준석의 젊은 지지층, 윤석열을 둘러싼 '윤어게인' 논란 등으로 이어지며 한국 정치 전반을 팬덤화시켰다.

팬덤 정치의 가장 큰 특징은 정치인의 결핍조차 매력으로 받아들인다는 점이다. 노무현 지지자들이 그를 '바보 노무현'이라 부르며 인간적인 매력을 강조했던 것처럼, 팬덤은 결핍을 실패나 약점으로 보지 않는다. 오히려 "나와 비슷한 결핍을 가진 인물"로 동일시하며 강한 정서적 유대를 형성한다. 이는 전통적인 정치인에게 요구되던 완벽성과는 정반대의 정치학이다.

또한 팬덤은 단순한 지지 기반을 넘어 적극적 정치 행위자로 기능한다. 온라인 커뮤니티와 SNS를 통해 메시지를 빠르게 확산시키고, 오프라인 집회와 후원 활동으로 정치인을 직접 뒷받침한다. 이 과정에서 팬덤은 정치인의 결핍을 '차별화된 정체성'으로 전환시키며, 기성 언론이나 제도 정치의 평가와는 무관하게 지지와 충성을 유지한다.

한국의 안티히어로 정치인들에게서 또 다른 공통점은 명확한 적대 구도를 설정한다는 것이다. 노무현에게는 '기득권 대 서민', 이준석에게는 '젊은 세대 대 꼰대', 이재명에게는 '가난한 사람 대 부자'라는 이분법이 있었다. 이런 구도는 현실을 단순화시키지만, 대중 동원에는 탁월한 효과를 발휘한다. 복잡한 정책 논쟁보다 더 직관적인 적대 구도가 지지자들에게는 명확한 정체성을 부여하고, 반대자들에게는 싸워야 할 타깃을 제시한다.

SNS 시대에는 이러한 경향이 더욱 강화된다. 알고리즘은 강렬한 메시지와 감정적 언어를 증폭시키고, 복잡한 논리보다는 간결하고 선명한 구호가 더 빠르게 전파된다. 팬덤과 적대 구도는 서로 맞물려 돌아가며, 한국 정치의 분열과 양극화를 가속화하는 동시에, 안티히어로적 정치인들의 힘을 배가시키는 원천이 된다.

한국형 안티히어로의 성공 조건과 한계

세 가지 성공 조건

① 계급적 동일시: 한국 사회에서 안티히어로 정치인들의 가장 강력한 무기는 '출신 배경의 결핍'을 숨기지 않고 전면화하는 능력이다. 노무현은 고졸 출신이라는 한계를 자신의 정체성으로 삼았고, 이재명은 소년공 시절의 극빈 경험과 장애를 정치적 무기로 전환했다. 이준석은 엘리트 교육을 받았지만, 586 정치세대가 아닌 'MZ세대'의 대표라는 정체성을 내세우며 차별화에 성공했다.

한국 유권자들은 여전히 "정치는 서울대 출신 기득권이 독점한다"는 인식을 가지고 있다. 이런 배경에서 '다른 길'을 걸어온 정치인들은 곧장 주목을 받는다. 단순히 동정심 때문이 아니라, "그도 나와 같은 출신이지만 해냈다"는 동일시 효과 때문이다. 계급적 거리감을 좁히는 리더십이 곧 안티히어로의 강점이 되는 것이다.

② 반권위주의: 안티히어로 정치인들이 공통적으로 외치는 메시지는 권위와 서열의 해체다. 노무현은 정치권의 고압적 문법을 무너뜨리며 "사람 사는 세상"을 이야기했고, 이준석은 '꼰대 정치 청산'을 기치로 내걸며 나이·성별 할당제를 거부했다. 이재명 역시 "기득권 해체"를 강조하며 불평등 구조를 직접 겨냥했다.

한국 사회는 여전히 학벌·연령·지위 중심의 위계 문화가 강하다. 일상에서조차 군대식 조직 문화와 상명하복의 관습이 뿌리 깊다. 이로 인해 권위주의에 대한 피로감이 누적돼 있었고, 안티히어로 정치인들은 이 지점을 정확히 건드렸다. 기존 정치가 제공하지 못한 해방감을 제공한 셈이다.

③ 직접 소통: 세 번째 성공 조건은 '언론을 거치지 않는 직접 소통'이다. 노무현은 임기 중 "대통령과의 대화"라는 타운홀 미팅 형식을 도입해 국민과 직접 대화했고, 이준석은 페이스북과 유튜브를 통해 실시간으로 메시지를 발신했다. 이재명은 토론 프로그램이나 각종 예능 출연을 통해 자신을 노출하며 대중 친화성을 확보했다.

이는 언론 불신이 커진 한국 사회에서 큰 효과를 발휘했다. "언론은 왜곡한다"는 인식이 강한 상황에서, 직접 발신되는 날것의 메시지는 오히려 더 신뢰할 만하다고 받아들여졌다. 정치적 기교나 수사가 아니라, 즉흥적이고 감정적인 표현이 오히려 '진정성'으로 해석되는 것이다.

위험성과 한계

안티히어로 정치의 가장 큰 위험 가운데 하나는 바로 포퓰리즘의 덫이다. 이들은 복잡한 사회 문제를 단순한 이분법으로 재구성하는 경향을 보인다. '우리 대 그들', '선량한 국민 대 부패한 기득권'과 같은 도식은 정치적 동원에는 탁월한 효과를 발휘하지만, 사회 통합에는 치명적일 수 있다. 예를 들어 경제 불평등이나 교육 개혁처럼 다양한 이해관계와 다층적인 해법이 필요한 문제마저 단순히 '기득권의 음모'나 '서민의 승리'라는 서사로 축소된다. 이런 방식은 정책적 복잡성을 외면하게 만들고, 결국 정치가 문제 해결이 아닌 진영 대결로 흐르게 만든다.

또 하나의 한계는 제도에 대한 경시 태도다. 안티히어로 정치인은 제도를 신뢰하기보다 직접 돌파하는 방식을 선호한다. 대중과 직접 소통하거나 기존의 절차를 우회하는 전략은 신선하고 속 시원하게 보일 수 있다. 하지만 민주주의는 제도적 절차와 견제 장치 속에서 안정적으로 작동한다는 사실을 간과하게 만든다. 제도를 우회하는 정치가 반복될 경우, 의회·사법부·정당과 같은 민주주의의 핵심 장치들이 약화되고, 결국 시스템에 대한 신뢰 자체가 무너질 위험이 있다. 단기적으로는 민심을 직접 반영하는 듯 보이지만, 장기적으로는 민주주의 규범의 기반을 흔드는 셈이다.

마지막으로 무시할 수 없는 위험은 개인 숭배로의 전락이다. 팬덤 정치는 정치적 참여를 촉진하는 긍정적 측면도 있지만, 일정 수준을 넘어서면 정치인의 모든 행동을 무조건 옹호하는 태도로 변질된다. 노무현의 '노사모', 이재명의 '개딸', 윤석열의 '윤어게인'처럼 정치인의 결핍과 실수마저 긍정적으로 재해석되는 순간, 비판과 견제 기능은 사실상 마비된다. 이는 민주주의를 지탱하는 건강한 균형을 허물고, 정치인의 책임성을 약화시키며, 결국 정치를 '한 사람에 대한 충성 경쟁'으로 축소시킬 수 있다.

이처럼 안티히어로 정치학은 대중의 열광을 불러오는 힘을 갖고 있지만, 동시에 포퓰리즘, 제도 약화, 개인 숭배라는 위험을 내포하고 있다. 따라서 우리는 안티히어로적 정치의 매력을 인정하되, 그것이 민주주의의 본질적 토대를 흔들지 않도록 경계해야 한다.

한국 민주주의의 새로운 전환점

그럼에도 불구하고 한국의 안티히어로 현상은 단순한 일시적 변주가 아니라 한국 민주주의의 새로운 전환점을 보여준다. 더 이상 권위적 리더십이나 전통적 명망가의 후광에 기대지 않고, 대중의 직접적 지지를 통해 정치적 정통성을 획득하려는 시도가 늘어나고 있다는 점에서 그렇다. 이는 한국 정치가 권위주의적 관성을 벗어나고 있다는 신호이자, 정치적 다원주의가 점차 뿌리내리고 있다는 증거로 볼 수 있다.

그러나 이런 변화가 긍정적인 성과로 이어지기 위해서는 중요한 전제가 필요하다. 무엇보다 개인의 카리스마와 제도적 절차 사이의 균형을 확보해야 한다. 특정 정치인의 매력이나 결핍을 향한 공감이 정치 참여의 동력으로 작동할 수는 있지만, 그것이 제도의 역할을 대체해서는 안 된다. 제도는 민주주의를 안정적으로 지탱하는 최소한의 장치이기 때문이다. 따라서 한국의 안티히어로 정치가 긍정적 자산이 되려면, 비판과 견제가 살아 있는 건강한 정치 문화가 절실하다.

 또한 한국의 민주주의가 더 성숙해지기 위해서는 단순한 감정 호소를 넘어 정치적 소통의 질을 높이는 과정이 병행되어야 한다. 솔직한 언어나 날것의 표현은 대중에게 매력적일 수 있으나, 그것이 합리적 토론의 장을 대체할 수는 없다. 오히려 대중적 소통이 제도와 결합하여 건전한 정책 경쟁으로 이어질 때, 안티히어로 정치학은 민주주의의 심화를 가능하게 한다.

 따라서 한국의 안티히어로들은 아직 진화의 과정에 있다. 이들이 향후 한국 민주주의에 긍정적인 자산이 될지, 아니면 새로운 위험 요소로 작동할지는 전적으로 앞으로의 행보에 달려 있다. 중요한 것은 단순한 영웅 숭배나 비난을 넘어, 이 현상을 차분히 분석하고 올바른 방향으로 발전시키려는 사회적 성찰과 관심이다.

 그리고 이제 다음 장에서는 이런 안티히어로 현상을 어떻게 이론적으로 정리할 수 있을지 살펴볼 차례다. 결핍이 어떻게 정치적 정통성의 새로운 자원이 되는지, 그리고 이것이 정치철학적으로 어떤 의미를 갖는지 탐구함으로써, 안티히어로 정치학의 이론적 기반을 마련해보고자 한다.

5장
안티히어로 정치철학
"불안전함의 힘과 민주주의 재구성"

4장에서 우리는 한국 정치 무대에 등장한 구체적인 안티히어로들의 사례를 검토했다. 노무현의 고졸 출신 서사, 이준석의 0선 혁신, 이재명의 극빈 스토리까지. 이들은 모두 기존 정치 엘리트와는 다른 방식으로 권력에 접근했고, 자신의 '결핍'을 숨기지 않고 오히려 정치적 자산으로 전환했다. 그러나 이러한 현상을 단지 한국 사회의 특수한 정치적 맥락에서만 설명할 수는 없다. 안티히어로 정치학은 근대 정치철학의 가장 근본적인 가정들—정치적 정통성의 기원과 지도자의 조건—에 도전하기 때문이다.

결국 질문은 이렇게 수렴된다. 정치적 정통성은 어디에서 비롯되는가? 플라톤이 제시했던 것처럼 철인군주의 완벽한 지혜와 덕성에서 비롯되는가, 아니면 홉스와 루소가 말했듯 불완전한 대중의 욕망과 합의에서 나오는가? 전통적인 정치철학은 대체로 '완전한 리더', 즉 영웅적 지도자를 전제했다. 그러나 안티히어로 현상은 이 전제를 근본적으로 흔든다. 불완전함, 결핍, 그리고 때로는 스캔들마저도 정치적 자산이 되는 새로운 현실을 설명해야 하는 것이다.

따라서 이 장에서는 안티히어로 정치를 정치철학의 맥락에서 분석하고, 그것이 기존 이론들과 어떤 긴장을 이루는지, 또 어떤 새로운 가능성을 제시하는지 살펴보고자 한다. 이를 통해 우리는 안티히어로 정치학이 단순한 대중 정치 현상이 아니라, 근대 정치철학의 패러다임 자체를 흔드는 심층적 사건임을 확인하게 될 것이다.

'결핍의 미학': 덕목이 아닌 결함에서 나오는 정통성

플라톤의 철인군주와 그 한계

서구 정치철학의 출발점은 플라톤의 『국가』다. 그는 '철학자들이 통치하거나, 통치자들이 철학하지 않으면' 올바른 정치는 불가능하다고 못 박았다. 핵심 논리는 간명하다. 정치는 테크네(기술)이며, 그 기술의 핵심은 '선(善)'에 대한 인식이다. 의사가 의술을 알아야 환자를 살리듯, 통치자는 선과 정의를 알아야 공동체를 바로 세울 수 있다. 그래서 플라톤은 '선의 이데아'를 직관할 수 있을 만큼 철학적으로 훈련된 소수의 철학자가 통치해야 한다고 주장한다. 이들에게는 공동 소유, 가족의 폐지, 엄격한 교육·훈련이 요구된다. 탐욕과 사익을 구조적으로 차단하려는 설계다.

이 관점에서 오늘의 안티히어로들은 자격 미달처럼 보인다. 고졸, 0선, 스캔들—플라톤의 기준으로는 결격 사유다. 그는 이런 인물들을 소피스트, 곧 진리를 모른 채 언변으로 대중을 홀리는 자로 분류했을지 모른다. 그러나 바로 여기서 철인군주론의 치명적 모순이 드러난다.

첫째, 선발의 역설이다. "누가 철인을 가려 뽑는가?" 플라톤은 이상적 교육과 검증의 제도를 상정했지만, 그 제도 자체의 정당성은 결국 누가 부여하는가라는 질문 앞에서 멈춘다. 대중의 동의 없이 '지혜의 자격'만으로 통치 정당성을 구성하려는 시도는, 동의(합의) 위에 서는 민주정의 규범과 구조적으로 충돌한다.

둘째, 권력의 변질 문제다. 플라톤은 통치자에게 사유재산과 가족을 금지해 유혹을 제거하려 했다. 하지만 현대 정치의 경험은 권력 그 자체가 인간을 바꾸는 강력한 유인임을 보여준다. 제도적 견제 없이 '덕성'만으로 부패를 예방하는 설계는 현실과 맞지 않는다. 그래서 플라톤 자신도 『법률』에서 철인군주의 이상 대신, 법에 기초한 혼합정을 '두 번째로 좋은 것'이라 부르며 차선책을 제시한다. 철인이 통치하는 최선의 정체 대신, 법에 구속된 혼합정이라는 차선의 해법을 선택한다. 덕 정치에서 절차와 법치로의 후퇴―그건 이상주의의 패배가 아니라, 인간 조건에 대한 늦은 인정이다.

셋째, 지식의 독점과 실행의 간극이다. 플라톤은 에피스테메(보편적 앎)에 특권을 부여했지만, 정치의 현장은 변동하는 구체와 이해관계의 충돌 속에 있다. 무엇이 '선'인지를 아는 것과, 다수의 '승복'을 이끌어 실행하는 것은 다른 차원의 능력이다. 현대 민주주의는 그래서 '정책의 옳음'만이 아니라 절차의 정당성―대표성, 심의, 책임성―을 같은 무게로 요구한다. 덕의 독점이 아니라 절차의 공유가 정통성의 핵심이 된 것이다.

바로 이 지점에서 '결핍의 미학'이 힘을 얻는다. 오늘의 대중은 완벽함보다 가식 없음을, 결함의 은폐보다 결함의 인정을 신뢰의 신호로 읽는다. 투명성 시대의 역설이다. 흠 없는 영웅은 오늘날 끊임없는 검증과 폭로의 시대에 곧 위선의 의심을 불러온다. 반면 안티히어로는 결핍을 먼저 고백하며, '나 역시 불완전한 인간'이라는 메시지로 대중과의 동일시를 촉발한다. 플라톤이 구상한 정통성의 원천이 '덕의 우월성'이었다면, 오늘의 정통성은 진정성의 가시성과 절차적 승복 위에 선다. 덕목의 과시가 아니라, 결함의 드러냄—그것이 위선 혐오를 우회하는 현대 정치의 설득 기제다.

요컨대 플라톤이 제시한 지혜 기반의 정통성은, 대규모 민주사회에서 동의 기반의 정통성으로 대체되었다. 그리고 안티히어로의 결핍은 도덕의 포기나 기준의 후퇴가 아니다. 법과 절차의 울타리 안에서, 결함을 인정하는 리더십이야말로 신뢰를 생산한다는 새로운 발견이다. 플라톤이 남긴 유산—덕의 요구—는 여전히 유효하다. 다만 그 덕은 더 이상 완벽함의 형상으로가 아니라, 불완전함을 다루는 능력(자기 노출, 책임 수용, 절차의 존중)이라는 현대적 덕성으로 변환되어 작동한다. 이 변환이 바로 '결핍의 미학'이 정치적 정통성의 원천이 되는 철학적 배경이다.

마키아벨리의 현실주의와 불완전한 군주

1513년 니콜로 마키아벨리가 『군주론』을 집필했을 때, 그는 플라톤과 정반대의 자리에서 출발했다. 플라톤이 이상적 철인군주라는 '완벽한 덕'을 가정했다면, 마키아벨리는 차갑게 현실을 응시했다. 그의 관심은 "사람들이 어떻게 살아야 하는가"가 아니라 "사람들이 실제로 어떻게 살아가는가"였다. 정치란 이념의 구현이 아니라 권력의 획득과 유지이며, 따라서 군주는 덕의 화신이 아니라 권력을 다루는 '기술자'여야 한다.

마키아벨리의 군주는 완벽한 존재일 필요가 없다. 오히려 그가 강조한 것은 '유연성'과 '적응력'이었다. 때로는 사자처럼 강력한 힘을, 때로는 여우처럼 교활한 기만을 구사할 수 있어야 한다. 군주는 자비롭고 정직한 것처럼 보일 필요가 있으나, 필요할 때는 언제든 반대로 행동할 수 있어야 한다. 중요한 것은 결과이며, 국가의 안정을 보장한다면 수단은 정당화될 수 있다. 국가의 안정을 확보하고, 공동체를 보존하며, 권력을 유지하는 것—그 목적을 달성할 수 있다면 수단은 정당화된다.

이런 관점에서 오늘날의 안티히어로 정치인은 마키아벨리적 군주의 변형된 형태라 할 수 있다. 노무현의 촌스러움은 권위주의 정치의 기성 문법을 깨뜨리며 서민과의 동일시를 이끌어냈다. 이준석의 젊음과 '0선'이라는 결핍은 오히려 기득권 정치에 대한 도전 의지를 상징했다. 이재명의 스캔들은 그를 도덕적 완벽함에서 멀어지게 했지만, 동시에 "인간적인" 지도자라는 인상을 강화했다. 플라톤의 관점에서라면 결격 사유였을 이 결핍들이, 마키아벨리의 관점에서는 오히려 권력 유지와 동원에 필요한 자산이 된 셈이다.

그러나 마키아벨리의 현실주의가 던지는 문제도 있다. 목적이 수단을 정당화한다고 할 때, 결국 권력 유지 그 자체가 목적화될 위험이 있다. 권력은 국가의 보존이라는 명분으로 정당화되지만, 시간이 지나면서 그 명분은 흐려지고 권력은 자기 목적화된다. 이 지점이 바로 안티히어로 정치가 빠질 수 있는 함정이다. 기득권과의 싸움, 대중과의 동일시, 직접 소통 등은 모두 권력 유지에 유용한 기술이지만, 그것이 '국가적 선'이 아니라 '개인적 권력의 지속'으로 귀결될 때, 정치의 본질은 순수한 권력 게임으로 전락한다.

따라서 마키아벨리의 교훈은 이중적이다. 한편으로 그는 안티히어로들이 어떻게 결핍을 정치적 자산으로 전환할 수 있는지를 보여주는 가장 강력한 이론적 근거를 제공한다. 동시에 그는 결핍의 정치가 어떻게 냉혹한 권력 기술로 전락할 수 있는지도 경고한다. 안티히어로 정치가 마키아벨리적 현실주의를 넘어설 수 있을지, 아니면 그 안에 갇힐지는 여전히 열린 질문으로 남는다.

불완전성의 정치적 가치

안티히어로 현상의 핵심은 '불완전성'이 정치적 정통성을 만들어낼 수 있다는 점이다. 전통적 정치철학은 언제나 지도자의 '완벽함'을 전제로 했다. 플라톤의 철인군주가 그렇고, 공자의 성군(聖君) 또한 그렇다. 이들은 지혜와 덕을 완전히 갖춘 존재, 오류 없는 판단과 도덕적 모범으로 공동체를 이끄는 존재로 상정되었다. 그러나 이런 이상은 두 가지 근본적 문제를 낳는다.

첫째, 그것은 현실적으로 불가능하다. 인간은 본질적으로 불완전한 존재이기 때문이다. 아무리 지혜로운 자라도 실수하고, 아무리 도덕적인 자라도 유혹에서 자유롭지 못하다. 그럼에도 정치가 완벽한 지도자를 요구한다면, 현실에서 나타나는 것은 끝없는 실망과 환멸이다. 지도자가 완벽하지 않다는 사실이 드러날 때마다 대중은 배신감을 느끼고, 정치에 대한 불신은 심화된다.

둘째, 완벽함의 이상은 쉽게 권위주의로 미끄러진다. '완벽한 지도자'가 존재한다고 가정하면, 그의 결정은 언제나 옳고 반대하는 자는 무지하거나 악의적이라고 낙인찍히게 된다. 이는 곧 비판 불가능성, 더 나아가 독재의 가능성을 열어놓는다. 플라톤의 철인정치가 결국 법치주의로 후퇴할 수밖에 없었던 이유도 여기에 있었다.

반대로 불완전한 지도자는 전혀 다른 역학을 만들어낸다. 그는 실수할 수 있고, 비판받을 수 있으며, 변화할 수 있다. 이는 오히려 민주주의의 기본 원리와 더 부합한다. 민주주의는 완벽한 군주나 성군을 가정하지 않는다. 오히려 불완전한 개인들이 서로 견제하고 경쟁하면서, 집합적으로 더 나은 결정을 만들어내는 체제다. 그렇기에 불완전성은 민주주의의 결함이 아니라, 그 작동 원리의 일부다.

안티히어로 정치인들이 보여주는 '결핍'은 바로 이런 민주적 가능성을 드러낸다. 노무현이 '바보 노무현'이라 불리며 애정을 받은 것은 그가 전지전능한 지도자가 아니었기 때문이다. 그의 실수와 좌충우돌은 오히려 인간적 매력으로 작용했고, 대중은 그 속에서 자신과 닮은 모습을 발견했다. 이준석이 각종 논란에도 불구하고 지지층을 유지할 수 있었던 것도 같은 이유다. 그들은 그를 완벽한 정치가로 보지 않았다. 대신 실수하며 성장하는 인물, 자신의 결핍을 숨기지 않는 인물로 받아들였다.

이것은 정치에서의 '결핍의 미학'이라 부를 만하다. 전통적 미학이 조화와 완결성에서 아름다움을 찾았다면, 결핍의 미학은 불완전함과 모순에서 의미를 발견한다. 일본의 와비사비(佗寂) 철학이 불완전함 속에서 오히려 깊은 아름다움을 느끼는 것처럼, 혹은 레너드 코헨이 노래했듯 "모든 것에는 금이 가 있다, 그 틈으로 빛이 들어온다"는 역설처럼, 정치에서도 결함이 있기에 빛이 들어올 수 있다.

따라서 안티히어로의 불완전성은 단순한 약점이 아니다. 그것은 민주주의 시대에 오히려 새로운 정치적 정통성을 만들어내는 자산이다. 결핍은 대중과의 동일시를 가능하게 하고, 불완전성은 비판과 견제를 가능하게 하며, 실수와 실패는 성장과 변화를 가능하게 한다. 안티히어로 정치학은 바로 이 '불완전성의 정치학'을 대중적 언어로 구현하고 있는 것이다.

약점과 권력: 정치철학에서 본 불완전성의 가치

하버마스의 의사소통적 합리성과 그 한계

하버마스가 『의사소통행위이론』(1981)에서 제시한 핵심은, 정치의 정당성은 도구적 합리성(효율성, 성과 중심)이나 전략적 합리성(권력·이익 중심)이 아니라, 의사소통적 합리성에서 비롯된다는 것이다. 다시 말해, 권력 관계가 배제된 '이상적 언어상황' 속에서 시민들이 자유롭고 평등하게 토론할 때 비로소 합의는 정당성을 획득한다.

그가 제시한 네 가지 조건―① 발언의 이해가능성, ② 명제의 진리성, ③ 규범의 정당성, ④ 발화자의 진정성―은 사실상 민주적 토론이 갖추어야 할 윤리적 기준이다. 공론장은 이 기준이 작동하는 공간이며, 하버마스에게 민주주의란 곧 이 공론장의 제도화였다.

그러나 안티히어로 정치의 방식은 이 원리에 정면으로 도전한다. 노무현의 직설, 트럼프의 트위터, 이재명의 감정적 언사 등은 합리적 숙의보다는 대중의 정동(affect)에 호소하는 경우가 많다. 이들은 공론장을 '합리적 토론의 장'이 아니라, '정서적 공감과 적대의 장'으로 재구성한다. 하버마스의 관점에서 보면 이는 공론장의 타락이며, 생활세계가 권력과 이익에 의해 식민화되는 전형적 현상으로 비춰질 수 있다.

그럼에도 하버마스의 이론에는 치명적인 한계가 있다. '이상적 언어상황'은 과연 현실에서 가능한가? 모든 시민이 동일한 지위와 언어 능력을 가지고, 강제 없이 토론한다는 가정 자체가 사실상 불가능하다. 실제 사회에서는 학력, 계급, 젠더, 미디어 접근성 등 다양한 불평등이 이미 존재한다. 오히려 '합리적 토론'이라는 규범 자체가 특정 계층의 언어 습속—중산층, 고학력자, 엘리트의 담론 방식—을 보편적 규범으로 위장하는 것일 수 있다.

이 지점에서 안티히어로 정치는 역설적 의미를 가진다. 그들의 불완전한 언어, 감정적인 메시지, 단순한 이분법은 하버마스가 말하는 합리성의 기준에서는 낙제점일 수 있다. 그러나 동시에 그것은 기존 공론장에서 배제되었던 계층과 정서를 정치의 전면으로 끌어들이는 효과를 낳는다. 다시 말해, 안티히어로들은 하버마스적 합리성을 훼손하는 동시에, 그가 간과했던 민주주의의 '포용성'이라는 차원을 확장한다.

따라서 문제는 이렇게 정리된다. 민주주의가 '합리성'을 우선시할 것인가, 아니면 '포용성'을 우선시할 것인가? 하버마스의 이상은 민주주의의 이상향을 제시했지만, 현실 정치에서 안티히어로들은 포용성의 다른 경로를 실험하고 있다. 이는 민주주의를 '이성의 정치'로 볼 것인지, '정동의 정치'로 볼 것인지에 대한 철학적 물음을 던진다.

라클라우·무페의 적대와 헤게모니

라클라우와 무페가 1985년에 출간한 『헤게모니와 사회주의 전략』은 하버마스의 합리주의적 정치관과 정면으로 충돌한다. 그들의 문제의식은 명확했다. 정치의 본질은 합의(consensus)가 아니라 적대(antagonism)라는 것이다. 사회는 근본적으로 분열되어 있으며, 이 분열은 아무리 이상적인 토론 상황을 가정하더라도 완전히 해소될 수 없다. 따라서 정치는 갈등을 제거하는 것이 아니라, 갈등을 특정한 방식으로 조직하고 관리하는 행위라는 전제가 깔려 있다.

라클라우와 무페는 이 논리를 그람시의 '헤게모니' 개념을 재해석함으로써 확장했다. 그람시에게서 헤게모니는 단순한 지배가 아니라 동의에 기반한 지도력이었다. 그러나 이 동의는 단순히 합리적 설득의 결과가 아니다. 담론의 장 속에서 특정한 의미 체계가 '상식'으로 굳어지는 과정을 통해 형성된다. 다시 말해, 헤게모니는 이미 존재하는 현실을 '발견'하는 것이 아니라, 끊임없는 담론적 실천을 통해 '구성'되는 것이다.

이 관점에서 보면 안티히어로들의 정치는 단순한 대중 선동이 아니라 새로운 헤게모니 구축의 시도로 이해할 수 있다. 그들은 기존의 정치적 상식에 도전하고, 새로운 분할선을 그어내며, 전혀 다른 정체성을 창조한다. 노무현이 그려낸 "서민 대 기득권"의 대립, 이준석이 던진 "젊은 세대 대 꼰대"의 구도, 이재명이 강조한 "가난한 사람 대 부자"의 구호는 모두 이러한 담론적 실천의 결과다. 중요한 점은 이 구도가 사회에 '원래부터 있었던 것'이 아니라, 특정한 역사적·정치적 맥락 속에서 새롭게 구성된 경계선이라는 사실이다.

따라서 안티히어로들의 '결핍' 또한 본질적인 속성이 아니라, 정치적 맥락에 따라 달리 해석되고 재구성되는 기표다. 고졸 학력이던, 정치 경험의 부재이던, 개인적 스캔들이던, 그것이 곧 정치적 실패로 귀결되는 것은 아니다. 오히려 담론 속에서 '약점'은 '진정성'으로, '추락'은 '희생'으로, '부족함'은 '동질성'으로 변환된다. 라클라우와 무페의 시각에서 보면, 안티히어로 정치학이야말로 담론을 통해 결핍을 자산으로 전환하는 새로운 헤게모니 실험이라고 할 수 있다.

불완전성의 민주적 잠재력

라클라우와 무페의 시각에서 보면, 안티히어로 정치의 핵심은 바로 불완전성의 민주적 잠재력에 있다. 전통적인 정치철학은 사회를 하나의 완결된 전체, 즉 '통합된 공동체'

로 상상하곤 했다. 플라톤의 이상국가가 그렇고, 루소의 일반의지 역시 공동체를 하나의 조화로운 의지로 환원하려는 시도였다. 그러나 라클라우와 무페는 이러한 전통적 상상을 비판하며, 사회란 애초에 결코 완성될 수 없는 구조, 다시 말해 '전체성의 불가능성' 속에서만 존재한다고 강조했다.

이 관점에서 정치는 고정된 질서를 유지하는 행위가 아니라, 끊임없는 구성·재구성의 과정이다. 안티히어로들의 등장은 바로 이러한 정치적 역동성을 보여준다. 그들은 기존 정치가 만들어놓은 경계선—엘리트와 대중, 기득권과 서민, 기성세대와 청년—을 흔들고, 그 균열을 통해 새로운 정치적 상상력을 열어젖힌다. 따라서 안티히어로는 단순한 대중 영합자가 아니라, 기존의 '상식'을 전복하고 민주주의의 가능성을 확장하는 역할을 한다.

물론 이 과정은 위험을 동반한다. 새로운 분할선이 만들어지면서 또 다른 배제와 적대가 탄생할 수 있으며, 민주적 제도가 훼손될 수도 있다. 그러나 이런 위험을 감수하지 않는다면, 민주주의는 오히려 경직된 제도주의에 갇혀 활력을 잃고 만다. 불완전성을 수용하지 않는 민주주의는 결국 살아 있는 정치가 아니라 박제된 제도로 전락한다.

따라서 핵심은 불완전성을 어떻게 활용하느냐에 달려 있

다. 결핍을 정치적 무기로 삼아 반지성주의와 권위주의를 강화한다면 민주주의는 후퇴한다. 하지만 그 결핍이 더 많은 시민들의 목소리를 끌어내고, 억눌린 정체성을 가시화하며, 새로운 참여의 장을 여는 계기가 된다면, 그것은 민주주의의 심화를 의미한다. 안티히어로 정치학은 이 양극단 사이에서 끊임없이 진동하며, 바로 그 진동 속에서 민주주의는 살아 있는 운동으로서 유지된다.

포퓰리즘과의 접점과 차이

포퓰리즘의 두 얼굴

안티히어로 정치학을 이해하려면 반드시 포퓰리즘과의 접점과 차이를 살펴봐야 한다. 두 현상은 겉보기에는 매우 유사하다. 둘 다 "기존 엘리트 대 민중"이라는 구도를 전제로 하고, 기존 제도의 권위를 흔들며 새로운 정치적 주체를 등장시킨다. 그러나 이 유사성 속에는 미묘하지만 중요한 차이가 숨어 있다.

포퓰리즘은 본래 라틴어 포풀루스(populus, 인민)에서 유래한 말로, 처음에는 가치중립적인 개념이었다. 핵심 구조는 단순하다. "순수한 민중"과 "부패한 엘리트"의 대립, 그리고 정치는 민중의 일반의지를 대변해야 한다는 주장이다. 문제는 이 단순한 구조가 두 얼굴을 가진다는 점이다.

한편으로는 민주적 참여를 확대하고, 제도 정치에서 소외된 계층의 목소리를 반영하는 진보적 동력이 될 수 있다. 브라질의 룰라나 볼리비아의 모랄레스처럼, 포퓰리즘은 때로 억눌린 다수에게 정치적 주체성을 부여했다. 그러나 다른 한편에서는 권위주의적 동원과 소수자 배제로 전락할 위험도 있다. 헝가리의 오르반이나 폴란드의 카친스키가 그 전형적 사례다.

한국의 안티히어로들은 이 양면성을 동시에 보여준다. 노무현이 내세운 "서민 대통령" 서사는 기존 엘리트 정치에 대한 견제이자 민주적 확장의 상징이었다. 하지만 동시에 그의 거침없는 발언과 직설적 화법은 감정적 동원과 진영 논리를 강화시켰다는 비판도 낳았다. 이준석의 경우도 마찬가지다. 그는 "젠더 갈라치기"라는 논쟁적 화법으로 20·30대 남성들의 정치 참여를 촉발시켰지만, 사회 갈등을 더욱 날카롭게 만든 책임에서 자유롭지 못하다.

따라서 포퓰리즘과 안티히어로 정치의 접점은 분명하다. 둘 다 엘리트와 민중의 대립 구도를 활용하고, 제도권 바깥의 새로운 언어로 정치 공간을 재구성한다. 그러나 동시에 중요한 차이도 존재한다. 포퓰리즘이 "민중"이라는 단일 집합을 상정하는 데 반해, 안티히어로 정치는 특정 개인의 결핍과 불완전성을 정치적 서사의 출발점으로 삼는다. 즉, 포퓰리즘이 집단적 정체성의 재구성이라면, 안티히어로 정치학은 개인적 약점의 정치적 자산화다.

결국 안티히어로 정치학은 포퓰리즘과 겹치면서도, 그 안에 독자적인 정치 미학을 갖고 있다. 그것은 다름 아닌 '결핍의 미학'이다. 즉, 완벽하지 않은 지도자의 결핍과 약점이 오히려 새로운 정치적 정통성의 원천이 되는 미학이다. 집단적 '인민'이 아니라 불완전한 개인 지도자의 약점이 새로운 정치적 정통성을 창출하는 것이다. 이 지점에서 안티히어로 정치학은 포퓰리즘과 구별되며, 동시에 민주주의의 미래에 대한 다른 함의를 제시한다.

안티히어로와 포퓰리즘의 차이점

안티히어로와 포퓰리즘은 자주 혼동된다. 두 현상 모두 기존 정치 엘리트에 대한 도전을 기치로 내세우며, 대중의 직접적 지지와 감정적 호소에 의존한다. 그러나 그 유사성 뒤에는 본질적인 차이가 숨어 있다.

첫째, 결핍에 대한 태도에서 차이가 드러난다. 전통적 포퓰리스트는 스스로를 "민중의 진정한 대표"로 포장한다. 그들은 자신의 약점이나 결함을 감추고, 오히려 순수한 대변자라는 이미지를 구축한다. 반면 안티히어로는 결핍을 감추지 않는다. 오히려 그것을 전면화한다. 노무현이 "바보 노무현"이라는 별명을 받아들이고, 이재명이 소년공과 장애 경험을 숨기지 않은 것처럼, 안티히어로는 자신의 불완전함을 정치적 정체성의 일부로 삼는다. 결핍은 부끄러운 약점이 아니라 대중과 동일시를 만들어내는 자산이 된다.

둘째, 권력과 맺는 관계가 다르다. 포퓰리스트는 권력을 장악한 뒤 민중의 의지를 실현하는 것을 목적으로 한다. 이를 위해 기존 제도를 파괴하거나 무력화하는 데 주저하지 않는다. 때로는 권력의 집중과 권위주의적 통치로 귀결된다. 반면 안티히어로는 권력 그 자체보다는 권력의 의미를 전환하는 데 초점을 맞춘다. 완벽한 영웅 지도자라는 환상을 깨뜨리고, 불완전한 지도자도 정치의 주체가 될 수 있음을 보여준다. 다시 말해, 포퓰리스트가 권력을 도구로 삼아 '민중의 이상'을 실현하려 한다면, 안티히어로는 권력의 형식을 바꿔 '더 인간적인 정치'를 가능케 하려 한다.

셋째, 미래 비전의 성격이 다르다. 포퓰리스트는 언제나 구체적이고 강렬한 이상사회를 제시한다. "위대한 미국",

"순수한 민족 공동체", "사회주의 조국" 같은 슬로건은 모두 미래를 하나의 완결된 목적지로 상정한다. 그러나 안티히어로의 비전은 훨씬 모호하다. 특정한 종착점보다는 여정과 과정에 가치를 둔다. "개천에서 용이 난다"는 이재명의 표현이나, "꼰대 정치와 다르다"는 이준석의 서사는 어떤 유토피아를 제시하기보다는 변화와 이동, 과정 그 자체를 강조한다.

요컨대 포퓰리즘이 '순수한 민중 대 부패한 엘리트'라는 집단적 구도를 강조한다면, 안티히어로 정치는 '불완전한 개인의 결핍'에서 출발하는 서사를 강조한다. 포퓰리즘이 집단적 정체성의 정치라면, 안티히어로는 결핍의 미학에 기반한 개인적 정치라고 할 수 있다.

건전한 포퓰리즘의 조건

안티히어로 정치가 건강하게 발전하려면, 포퓰리즘의 긍정적 잠재력은 살리되 그 파괴적 위험은 철저히 견제해야 한다. 이를 위해 세 가지 조건이 핵심적이다.

첫째, 제도적 견제 장치의 확립이다. 아무리 높은 대중적 지지를 얻더라도 헌법과 법치주의는 결코 예외가 될 수 없다. 카리스마적 지도자에게 권한이 집중되면, 그 순간부터 제도는 무력화되고 민주주의는 흔들린다. 따라서 독립적 사법부, 헌법재판소, 의회의 견제 기능은 반드시 강화되어야 한다. 안티히어로가 "나는 민중의 직접적 위임을 받았다"는 논리로 제도를 뛰어넘으려 할 때, 이를 제어할 수 있는 제도적 울타리가 필요하다.

둘째, 비판적 공론장의 유지다. 팬덤 정치가 민주주의의 활력을 불어넣을 수도 있지만, 맹목적 추종으로 변질되면 비판을 배제하는 집단으로 전락한다. 건강한 민주주의는 동의만큼이나 반대와 질문을 필요로 한다. 언론의 자유, 시민사회의 활발한 활동, 학문의 자율성은 단순한 장식이 아니라, 정치적 팬덤이 절대 권력으로 변하지 않도록 하는 필수 조건이다. 공론장이 살아 있어야 팬덤도 교정과 반성을 경험할 수 있다.

셋째, 다원주의적 가치의 존중이다. 포퓰리즘이 가장 위험해지는 순간은 '우리 vs 그들'의 구도가 소수자에 대한 배제로 이어질 때다. 한국적 맥락에서 여성, 장애인, 이주민 같은 집단이 안티히어로적 동원 구도의 '적'으로 설정될 경우, 정치적 활력은 혐오와 차별로 변질된다. 따라서 건전한 포퓰리즘은 소수자의 권리를 보호하고, 다양성을 존중하는 제도·문화적 장치를 반드시 필요로 한다. 결핍과 불완전함에 대한 관용이 곧 사회적 연대와 포용으로 이어질 때, 안티히어로 정치는 민주주의를 심화시키는 동력이 될 수 있다.

 최근에는 포퓰리즘의 변형 형태로 '테크노포퓰리즘(technopopulism)'이 주목받고 있다. 이는 기존 엘리트 불신과 대중 동원의 논리를 따르면서도, 전문가적 지식과 디지털 기술을 결합한다는 점에서 독특하다. 예컨대 이탈리아의 오성운동은 온라인 플랫폼을 활용해 정책을 결정했고, 마크롱의 '앙 마르슈' 운동도 전문가 네트워크와 대중적 동원을 접목했다. 이 모델은 안티히어로와도 접점을 가진다. 결핍이나 카리스마 대신 '기술적 합리성'과 '참여적 플랫폼'을 정당성의 원천으로 삼는다는 점에서, 안티히어로 정치와는 또 다른 길을 제시한다.

<표2: 안티히어로 개념 비교>

구분	영웅	안티히어로	포퓰리스트	테크노 포퓰리스트
정당성 원천	초월적 덕목·희생	결핍·인간적 솔직함	'순수한 국민' 대 '타락한 엘리트'	전문가·기술+대중 의사
커뮤니케이션 코드	연설 상징 신화	유머 실수 비속어	적대적 대중 동원	데이터 플랫폼 참여적 기술
도덕성 처리	흠 없는 덕목 강조	불완전성 인정	도덕을 정치적 무기로 사용	기술적 중립성·효율성강조
동원 기제	카리스마·전승 신화	'나도 저럴 수 있다' 공감	분노·적대 동원	참여 앱·온라인 투표 등
제도관계	제도 수호	제도 밖에서 신뢰 획득	제도 불신·정면충돌	제도 보완적 재구성

대중 민주주의 시대의 '반(反)엘리트' 모델

엘리트주의의 위기

20세기 초 로버트 미헬스는 "과두제의 철칙"을 통해 어떤 조직이든 규모가 커지면 소수 엘리트가 권력을 독점한다고 설명했다. 민주주의도 예외는 아니었다. 형식적으로는 국민주권을 내세웠지만 실제로는 정치인, 관료, 재계, 언론, 학계가 얽혀 권력을 나눠 가졌다. 그러나 2008년 금융위기는 이 시스템에 균열을 냈다. 기성 엘리트들이 시민의 삶을 보호하기보다 스스로의 이해관계에 갇혀 있다는 불신이 커지면서, 대중은 새로운 정치적 대안을 요구하기 시작했다.

이런 맥락에서 안티히어로들이 부상했다. 그들은 전통적 정치 엘리트의 경로를 거부한 인물들이다. 트럼프는 기업가 출신, 젤렌스키는 코미디언 출신, 이준석은 국회의원 당선 경험조차 없는 '0선 당대표', 이재명은 소년공 출신이라는 점에서 모두 기존 정치 엘리트와는 다른 서사를 지녔다. 이들의 정치적 자산은 화려한 학벌·경력이 아니라, 실패·결핍·비주류라는 경험에서 비롯된 공감 능력이었다.

그렇다고 이들을 단순히 '반엘리트'라 부르기는 어렵다. 실제로는 이들도 또 다른 형태의 엘리트였다. 다만 권위의 근거가 바뀐 것이다. 과거의 정치 엘리트가 학력·경력·인맥에 의존했다면, 안티히어로적 엘리트는 대중적 인기, 미디어 활용 능력, 그리고 서사적 상징 자본을 바탕으로 권력을 형성했다. 말하자면 '결핍에서 비롯된 카리스마'가 새로운 정치적 자산으로 작동한 것이다.

결국 이 현상은 대중 민주주의의 역설을 드러낸다. 안티히어로는 기존 엘리트에 대한 반발 속에서 탄생하지만, 곧 대중의 열광 속에서 또 다른 선택된 소수가 된다. 미헬스의 과두제 철칙이 여전히 작동하는 셈이다. 차이는 과거의 학벌·관료 엘리트가 사라지고, 미디어와 대중의 힘으로 구축된 '새로운 엘리트'가 그 자리를 차지했다는 점이다. 다시 말해, 대중 민주주의의 시대는 '반엘리트'라는 언어를 통해 또 다른 형태의 엘리트를 생산하는 과정이라 할 수 있다.

새로운 정치적 정통성의 모델

안티히어로들은 기존 민주주의의 정통성 개념에 균열을 내고, 새로운 형태의 정통성을 제시한다. 전통적인 정치적 정통성은 "위로부터의 권위"에 기초했다. 엘리트의 전문성과 경력이 시민을 대신해 결정을 내릴 자격의 근거가 되었고, 대중은 그 권위를 '위임'하는 방식으로 정치를 수용했다. 그러나 안티히어로들의 정통성은 이와 정반대로 "아래로부터의 동질감"에 뿌리를 둔다. 그들은 "나는 당신들과 다르지 않다"는 메시지를 전하며, 시민의 삶과 감정을 공유하는 것을 정치적 자산으로 삼는다.

이로 인해 대표성의 개념 자체가 달라진다. 기존의 대표성이 "대신 행하는 것(acting for)"이었다면, 안티히어로적 대표성은 "함께 존재하는 것(being with)"에 가깝다. 노무현의 '바보 대통령' 이미지, 이재명의 '개천에서 난 용' 서사, 이준석의 '0선 당대표'라는 낙인은 모두 이 새로운 대표성의 방식으로 작동했다. 그들은 전문가로서의 거리감이 아니라, 불완전성을 공유하는 친밀감을 통해 지지를 얻는다.

이 변화는 민주주의 이론에도 중요한 의미를 던진다. 한나 아렌트가 말했듯, 정치는 "평등한 존재들 사이의 활동"이다. 안티히어로들은 이 평등성을 연출하고자 한다. 물론 실제 권력관계에서는 대통령이나 당대표와 시민이 완전히 평등할 수 없다. 그러나 중요한 것은 차이를 지우지 않으면서도, 시민이 지도자를 "우러러보기"보다 "마주볼 수 있는" 관계를 만든다는 점이다.

결국 안티히어로 정치의 정통성은 '위임된 권위'가 아니라 '공유된 불완전성'에 기초한다. 그들의 정치는 완벽한 지도자를 상상하는 대신, 결함 있는 동료와 함께하는 민주주의라는 새로운 상상력을 열어 보인다.

참여 민주주의의 새로운 가능성

안티히어로 현상은 단순히 특정 정치인의 스타일 변화를 넘어, 참여 민주주의의 새로운 가능성을 보여준다. 전통적인 대의 민주주의에서 시민의 역할은 대체로 선거일에 투표하는 것으로 한정되었다. 선거가 끝나면 시민은 '위임자'에서 곧바로 '방관자'로 전환되었고, 이후의 정치는 전문 정치인들의 영역으로 남겨졌다. 그러나 안티히어로 정치인들은 이러한 위임 구조를 흔들고, 시민과 지속적으로 접속하려는 방식을 택했다.

노무현의 "시민과의 대화", 이준석의 SNS 직접 소통, 이재명의 토크쇼·유튜브 출연은 모두 기존 정치 엘리트를 거치지 않고 대중과 직접 연결되려는 시도의 일환이었다. 이는 단순한 정치 홍보가 아니라, 정치적 의사결정 과정에서 시민이 끊임없이 개입할 수 있다는 새로운 상상력을 제공했다. 때로는 전문가의 자문보다 일반 시민들의 '생활 속 상식'을 더 중시하는 태도 역시 같은 맥락에서 이해할 수 있다.

물론 이러한 흐름은 "전문가 정치"에 대한 도전이기도 하다. 현대 사회의 정책 영역은 고도의 복잡성을 전제로 한다. 경제 정책에는 정교한 금융지식이, 외교 협상에는 다층적 국제 질서 이해가 필요하다. 그럼에도 안티히어로들은 때때로 전문성보다 시민의 직관과 상식을 앞세운다. 이런 태도는 정치의 언어를 단순화하고 시민들에게 친숙하게 만들지만, 동시에 정책의 복잡성을 지나치게 축소하거나 왜곡할 위험도 동반한다.

그럼에도 이 접근의 장점은 분명하다. 정치를 멀리 있는 권력 게임이 아니라 생활 가까이에 있는 이야기로 느끼게 한다는 점이다. 전문 용어가 아닌 일상의 언어로 정치를 풀어내고, 시민이 곧바로 반응할 수 있는 창구를 열어둠으로써 더 많은 이들이 정치 참여에 끌려 들어오게 된다. 그러나 동시에 "상식"이라는 말 자체가 특정 계층의 경험과 편견을 반영할 수 있음을 잊어서는 안 된다.

따라서 참여 민주주의의 가능성을 온전히 실현하기 위해서는, 시민 참여와 전문가 지식 사이의 균형을 찾아야 한다. 시민의 목소리가 제도화된 절차 속에서 전문가적 검증을 거치고, 다시 시민적 피드백으로 환류되는 구조가 필요하다. 그렇지 않다면 참여 민주주의는 단순한 '감정의 즉시성'으로만 흐르고, 결과적으로는 불안정성과 정책 실패로 이어질 위험이 크다.

제도 안정성과의 긴장 관계

제도와 카리스마의 딜레마

막스 베버는 지배의 정당성 유형을 세 가지로 나눴다. 전통적 권위, 법적-합리적 권위, 그리고 카리스마적 권위다. 현대 민주주의의 이상은 명백히 법적-합리적 권위에 있다. 헌법과 법률이 권력 행사의 근거가 되고, 절차적 정당성이 정치적 정통성을 보장한다. 그러나 현실 정치에서 우리는 종종 법과 제도 너머의 힘, 즉 카리스마적 권위가 강하게 작동하는 장면을 목격한다.

안티히어로 정치인은 바로 이 지점에서 제도와 긴장 관계를 형성한다. 그들의 힘은 헌법 조문이나 정당 조직 규칙에서 나오기보다는 개인의 매력과 대중의 직접적 지지에 뿌리를 둔다. 이는 베버가 말한 "카리스마의 일상화 문제"와 맞닿아 있다. 카리스마적 권위는 순간적이고 폭발적인 힘을 발휘하지만, 동시에 불안정하다. 지도자 개인에게 과도하게 의존하기 때문이다.

노무현의 사례가 대표적이다. 그의 정치적 영향력은 '고졸 출신 대통령'이라는 파격적 정체성과 "바보 노무현"이라는 상징적 별명에서 나왔다. 이는 시민들과의 동질감을 강화했지만, 제도적 장치로 뒷받침되지는 못했다. 그가 떠난 뒤 참여정부의 정책적 유산이 충분히 제도화되지 못하고 흩어진 것은, 카리스마가 제도로 전환되지 못한 한계를 보여준다.

이준석의 경우도 비슷하다. 그는 국민의힘 당대표 시절 과

감한 혁신과 파격적 소통으로 주목을 받았지만, 그의 리더십은 철저히 개인적 스타일에 의존했다. 결국 그가 당을 떠나자 '혁신' 의제는 당 내부에서 뿌리내리지 못하고 사라질 위기에 놓였다. 이 역시 개인의 카리스마가 지속 가능한 제도적 변화로 전환되지 못한 사례라 할 수 있다.

이처럼 안티히어로 정치의 장점과 위험은 한 몸이다. 그들은 정치에 생동감과 돌파력을 불어넣지만, 동시에 제도적 안정성과 충돌한다. 민주주의의 지속 가능성을 위해서는 결국 개인의 카리스마가 제도 속에 흡수·안착되는 과정이 필요하다. 그렇지 않으면 혁신적 변화는 한때의 열광으로 끝나고, 정치적 에너지는 반복적인 '개인 숭배와 몰락'의 사이클에 갇히게 된다.

민주적 제도의 복원력

그렇다면 안티히어로들은 민주적 제도에 근본적인 위협이 될까? 이 질문에 대한 답은 단순하지 않다. 어떤 경우에는 분명히 제도의 안정성을 흔들 수 있다. 도널드 트럼프가 2021년 1월 6일 지지자들의 의사당 습격을 방관하거나 조장한 사건은 카리스마적 지도자가 민주주의 제도를 정면으로 위협한 대표적 사례였다. 최근 한국에서 발생한 12.3 비상계엄 선포 논란 역시, 제도의 틀을 무력화하고 권력을 집중하려는 시도의 위험성을 잘 보여준다. 이런 경우 안티히어로는 제도의 활력을 불어넣는 존재가 아니라 파괴자로 기능한다.

그러나 모든 안티히어로가 제도 파괴자로 귀결되는 것은 아니다. 오히려 일부는 제도의 경직성을 깨뜨리고 새로운 에너지를 공급함으로써 제도의 복원력(resilience)을 드러내게 한다. 중요한 기준은 그들이 제도 '밖에서' 제도를 무너뜨리려 하는가, 아니면 제도 '안에서' 제도를 바꾸려 하는가이다.

노무현은 후자의 대표적 사례였다. 그는 파격적인 언행과 기존 질서에 대한 도전으로 인해 탄핵 위기에 몰렸지만, 헌법재판소의 판결을 수용하며 복귀했다. 이는 절차적 민주주의의 틀 속에서 자신의 정치적 행위를 정당화하려 했음을 보여준다. 즉, 제도의 한계와 충돌했지만 동시에 그 제도를 존중하며 제도적 절차 속에서 자신의 정치적 정통성을 확보한 것이다.

이재명의 경우도 비슷하다. 그는 성남시장 시절부터 대선 과정에 이르기까지 수많은 재판과 수사에 직면했다. 그러나 정치적 활동을 중단하지 않았고, 사법부의 절차적 판단을 거치면서도 결국 대통령직에 오를 수 있었다. 이는 오히려 한국 민주주의 제도의 복원력을 입증하는 사례로 볼 수 있다. 사법부의 독립성과 정치과정의 자율성이 동시에 작동했기 때문에, 한 개인의 불완전성과 정치적 논란이 민주주의 제도를 무너뜨리지 않고 오히려 강화하는 방향으로 작용한 것이다.

결국, 안티히어로들은 민주주의 제도와 모순된 관계를 가진다. 한편으로는 제도의 규범을 시험하고 때로는 위협하지만, 다른 한편으로는 제도의 탄력성과 자기 교정 능력을 드러내게 하는 촉매 역할을 한다. 따라서 안티히어로 정치의 성공과 실패를 가르는 기준은 단순히 개인의 카리스마가 아니라, 그 카리스마가 제도의 복원력과 어떻게 상호작용하느냐에 달려 있다.

제도 혁신의 방향
안티히어로 현상이 민주주의에 긍정적으로 기여하려면, 단순히 개인적 카리스마에 의존하는 것이 아니라 제도적 혁신으로 이어져야 한다. 기존 제도는 안티히어로들이 보여준 정치적 에너지를 흡수·변환하여 건설적인 방향으로 제도화할 필요가 있다.

첫째, 정치 참여의 다양화가 필요하다. 지금까지 한국의 민주주의는 주로 선거와 정당 중심으로 운영되어 왔다. 그러나 선거만으로는 시민들의 다양한 의견과 에너지를 충분히 담아내기 어렵다. 시민배심원제, 참여예산제, 온라인 플랫폼 기반의 정책 토론 등은 안티히어로들이 보여준 "직접 소통"의 열망을 제도적 장치로 옮겨놓을 수 있는 방법이다. 이는 일시적인 정치적 열광이 제도로 정착되도록 해, 팬덤 정치의 한계를 극복하는 데 도움을 준다.

둘째, 정치인의 자격 요건의 다양화가 필요하다. 지금까지 정치 진입의 문턱은 학벌·경력·연령이라는 암묵적 기준에 의해 높게 설정되어 있었다. 그러나 민주주의가 성숙하려면 다양한 배경의 인물들이 정치권에 들어올 수 있어야 한다. 이준석처럼 '0선' 출신이거나, 이재명처럼 극빈층 출신인 인물들이 정치적 리더십을 보여주는 것은 사회적 다양성을 정치적 대표성에 반영하는 과정이다. 제도는 이러한 배경 다양성을 오히려 장려해야 하며, 그래야만 민주주의가 특정 계층의 독점이 되지 않고 역동성을 유지할 수 있다.

셋째, 미디어와 정치의 관계 재정립이 필요하다. SNS와 인터넷 방송의 발달은 안티히어로들에게 가장 중요한 무기가 되었다. 직접 소통의 채널이 전통 언론의 권위를 약화시킨 것이다. 이 현상을 단순히 규제하려 하면 역효과를 낳는다. 오히려 건강한 미디어 환경을 조성하는 방향으로 나아가야 한다. 가짜뉴스와 악성 댓글 같은 부작용은 최소화하면서도, 자유로운 소통 공간을 제도적으로 보장해야 한다. 그래야만 안티히어로들이 열어젖힌 "정치의 민주화"가 파괴적 에너지가 아니라 건설적 에너지로 작동할 수 있다.

<표3: 포퓰리즘과 안티히어로 비교>

구분	포퓰리즘	안티히어로 정치
정당성의 출발점	집단적 '순수한 민중'	개인의 결핍과 불완전성
대립 구도	민중 대 타락한 엘리트	불완전한 개인의 진정성 대 위선적 완벽함
결핍에 대한 태도	감추고 순수성 강조	전면화하고 공감대 형성
권력과의 관계	권력 장악 후 민중 의지 실현	권력의 형식과 의미 자체를 전환
미래 비전	구체적이고 완결된 이상사회	모호하고 과정 중심적 변화
주요 전략	적대적 동원과 감정적 호소	동일시와 친밀감 형성
제도와의 관계	기존 제도 파괴/ 무력화 시도	제도 안에서 신뢰 획득 추구
대표 사례	트럼프, 오르반, 차베스	노무현, 이준석, 이재명

불완전성의 정치학을 향하여

 안티히어로 현상은 정치철학에 근본적인 질문을 던진다. 과연 정치는 완벽한 지도자, 즉 지혜롭고 도덕적으로 흠잡을 데 없는 인물을 통해서만 정당성을 확보할 수 있는가? 아니면 오히려 불완전한 인간들 사이의 협력과 갈등, 경쟁과 타협을 통해 더 건강한 민주주의가 가능할까? 결함과 약점을 감추는 대신 그것을 드러내고 공유하는 방식이, 역설적으로 더 진정성 있는 정치로 이어질 수 있는가?

 아직 답은 확정되지 않았다. 안티히어로 현상은 여전히 현재진행형이며, 그 성과와 한계는 향후 몇 년간의 정치적 실험 속에서 드러날 것이다. 그러나 분명한 사실은, 이 현상이 전통적 정치철학의 기초 전제들—완벽한 군주, 합리적 합의, 절대적 권위—를 다시 검토하게 만든다는 점이다.

 전통적 정치관과 안티히어로적 정치관은 근본적으로 다른 철학적 토대 위에 서 있다. 먼저 전통적 관점을 살펴보면, 플라톤의 철인군주는 완전무결한 지배자를 상정하며 현대 민주주의에서 설득력을 잃었고, 하버마스의 '이상적 언어상황' 역시 갈등이 소멸된 완전한 공론장을 지향하지만 지나치게 이상화된 모델에 머문다. 반면 마키아벨리의 현실주의

군주는 결함을 가진 인간으로서의 정치 지도자를 인정하나, 권력 유지라는 협소한 목표에 갇혀 있다는 한계가 있다.

이에 대한 대안으로, 라클라우와 무페가 강조한 '급진적 민주주의'—즉 사회 갈등을 긍정하며 끊임없는 분열과 재구성 속에서 새로운 가능성을 열어가는 민주주의—가 오늘날 더 현실적인 지적 자원이 될 수 있다. 요컨대, 기존 정치철학이 완전성과 합의의 정치를 꿈꿔온 반면, 안티히어로 정치철학은 불완전성과 분열의 현실을 출발점으로 삼는다. 이러한 패러다임 전환은 단순한 이론적 논의가 아니라, 현대 민주주의가 직면한 복잡한 현실을 이해하고 대응하기 위한 새로운 관점을 제시한다.

<표4: 정치관 비교>

전통적 정치관	안티히어로적 정치관
플라톤 완전한 철인군주, 결함 없음	마키아벨리 현실주의 군주, 결함 허용
하버마스 이상적 공론장 지향(갈등소멸)	라클라우·무페 급진적 민주주의(갈등항존)

결국 관건은 불완전성을 어떻게 정치적으로 활용하느냐에 있다. 불완전성이 반지성주의나 권위주의의 토양이 된다면 민주주의를 위태롭게 만들 것이다. 하지만 그것이 더 넓은 참여, 더 평등한 소통, 더 인간적인 정치문화로 이어진다면 민주주의를 더욱 풍요롭게 할 것이다. 안티히어로들의 정치적 운명도, 한국 민주주의의 미래도 바로 이 균형점에 달려 있다.

레너드 코헨이 노래했듯 "모든 것에는 금이 가 있다, 그 틈으로 빛이 들어온다." 안티히어로들의 정치적 균열은 어쩌면 한국 민주주의에 새로운 빛이 들어오는 통로인지도 모른다. 완벽함을 가장하는 대신 결함을 인정하고, 위선을 숨기는 대신 진정성을 드러내는 정치—그것이야말로 불완전하지만 살아있는 민주주의의 참모습일 것이다.

정치철학자 존 롤스가 강조했듯 민주주의는 완벽한 시민들이 아닌 불완전한 시민들 사이의 협력 체계다. 안티히어로 시대는 이 말을 현실로 증명하고 있다. 더 이상 완벽한 영웅을 기다리지 않고, 결함을 가진 인간들이 서로의 불완전함을 인정하며 함께 만들어가는 정치가 성숙한 민주주의의 진정한 모습이다.

따라서 우리가 탐구해야 할 새로운 정치철학은 완벽함

을 전제하지 않는다. 대신 불완전성과 결핍을 출발점으로 삼아, 그것을 민주주의의 에너지로 전환하는 방법을 모색한다. 불완전하지만 투명한, 완벽하지 않지만 인간적인 정치—바로 그것이 안티히어로들이 던진 도전이자, 우리가 응답해야 할 과제다.

다음 장에서는 이 과제를 한 걸음 더 나아가, 안티히어로 시대에 요구되는 새로운 리더십의 형태를 모색할 것이다. 어떤 지도자가 미래의 민주주의를 이끌어갈 수 있는지, 그리고 우리가 기대해야 할 정치의 새로운 풍경은 어떤 모습일지 살펴보자.

6장
다음 시대의 지도자
"불완전한 연대와 시민적 리더십"

안티히어로 시대는 끝났다. 아니, 정확히 말하면 이제 막 시작되었다. 지난 20여 년간 한국과 세계 정치에서 등장한 노무현, 이준석, 이재명, 트럼프, 젤렌스키는 단순한 예외적 인물이 아니었다. 그들은 정치의 새로운 패러다임을 예고한 '징후'였다. 완벽한 영웅을 기다리던 시대가 막을 내리고, 불완전하지만 투명한 지도자를 요구하는 시대가 열린 것이다.

2025년 현재, 우리는 정치사적 전환점에 서 있다. 글로벌 컨설팅 기업 EY는 최근 보고서에서 '포퓰리즘 확산이 국제

질서의 불안정을 심화시킬 것'이라 전망했다. 그러나 그 진단은 반만 맞다. 지금 벌어지고 있는 것은 단순한 '포퓰리즘의 부상'이 아니라 정치적 정통성의 근본적 재편이다. 지도자가 권위를 위에서 '부여받는' 존재가 아니라, 아래로부터의 동질감과 불완전성의 공유를 통해 정당성을 획득하는 새로운 질서가 만들어지고 있는 것이다.

이 흐름은 특히 젊은 세대에게서 선명하게 드러난다. 한국경제신문이 2025년 2월 발표한 조사에 따르면, 2030세대의 40%가 "10년 후 한국은 더 나빠질 것"이라고 응답했다. 이는 40대 이상(34.5%)보다 비관적인 수치. 선진국에서 자라난 첫 세대가 오히려 미래를 가장 어둡게 보는 것은 무엇을 의미할까? 그것은 기성 엘리트에 대한 근본적 불신, 그리고 자신들과 닮은, 완벽하지 않지만 솔직한 지도자에 대한 열망을 반영한다.

세계적 흐름도 다르지 않다. 2024년 국제 여론조사 일부에서는 유럽인의 절반가량, 중국인의 다수가 'AI가 의회 의석 일부를 차지하는 것에 찬성한다'고 응답했다는 결과가 소개되었다. 이는 단순히 '기술 낙관주의'가 아니라 인간 정치인에 대한 불신의 반영이다. 사람들은 편견 없이 데이터에 기반해 의사결정을 내릴 AI를 인간 지도자보다 더 신뢰하고 있다. 다시 말해, 기존 정치가 제공하지 못한 정통성을 비(非)인간적 주체에게서라도 찾으려는 것이다.

그렇다면 다음 시대의 지도자는 어떤 모습이어야 하는가? 2045년, 불과 20년 뒤 우리가 마주할 정치는 어떤 형태일까? 안티히어로 이후의 리더십은 단순히 개인의 매력이나 대중적 카리스마로 설명되지 않는다. 그것은 제도와 인간, 기술과 감정, 불완전성과 투명성이 교차하는 지점에서 새롭게 형성될 것이다. 이 장에서는 그런 변화의 지형을 전망하고, 우리가 기대해야 할 지도자의 새로운 조건들을 탐구해 보겠다.

안티히어로 이후: 불완전하지만 투명한 지도자

투명성 혁명과 정치의 재구성

2025년 현재, 우리는 '투명성 혁명'의 한복판에 서 있다. SNS, 인터넷 방송, 인공지능까지 가세한 미디어 환경은 정치인의 일거수일투족을 실시간으로 기록하고 공개한다. 권위적 리더십이 의도적으로 '숨김'을 통해 권위를 쌓았다면, 이제는 드러남과 노출이 지도자의 생존 조건이 되었다. 정치인들에게 남은 선택지는 단순하다. 투명성을 받아들이든지, 아니면 도태되든지.

특히 젊은 세대일수록 투명성을 지도자의 가장 중요한 자질로 꼽는다. 한국리서치의 2024년 조사에서 20대의 64%는 "젠더 갈등이 심각하다"고 답했다. 그러나 이들은 갈등을 은폐하기보다 드러내고 토론하려는 태도를 보였다. 기성 정치가 '조율과 포장'을 중시했다면, MZ세대는 '갈등의 가시화와 직접 대화'를 요구하는 것이다.

이준석의 경우가 이를 잘 보여준다. 그의 '갈라치기' 발언은 거센 논란을 불러왔지만, 지지자들은 그를 떠나지 않았다. 발언의 완벽성보다 "솔직함"과 "숨기지 않는 태도"가 더 높은 평가를 받았기 때문이다. 이는 곧 "최소한 우리를 속이지 않는다"는 신뢰의 표현이었다.

이런 흐름은 앞으로 거스를 수 없다. 디지털 네이티브 세대가 정치의 주류로 부상하는 2030년대에는 더욱 그러할 것이다. 인스타그램과 틱톡에서 사소한 일상까지 기록·공유하며 성장한 세대에게 과도하게 포장된 정치인은 오히려 부자연스럽다. 그들에게 지도자는 '완벽한 영웅'이 아니라 결핍을 인정하면서도 숨기지 않는 사람이어야 한다.

결국 투명성은 안티히어로 시대 이후의 지도자에게 요구되는 최소 조건이자 새로운 정치적 정통성의 원천이 되고 있다. 지도자의 권력은 '위에서 내려오는 권위'가 아니라, '아래로부터의 드러남'을 감내할 수 있는 용기에서 비롯되는 것이다.

결핍의 정치적 활용법: 약점을 강점으로

　미래의 정치인들은 자신의 결핍을 숨기기보다 이를 전략적으로 활용해야 한다. 이는 단순한 솔직함의 문제가 아니라 정치적 정통성을 획득하는 새로운 방식이다.

　이재명의 사례가 이를 가장 잘 보여준다. 그의 극빈한 성장 배경, 각종 스캔들, 심지어 재판을 받는 상황까지도 오히려 정치적 자산으로 전환되었다. 핵심은 '서사의 재구성'이다. 그는 결핍을 '기득권과의 투쟁'이라는 이야기로 재포장했다. "가난했지만 그래서 서민의 마음을 안다", "검찰의 표적수사를 받지만 이는 내가 기득권을 위협하기 때문이다"라는 프레임이 대표적이다.

　이런 전략은 점점 더 보편화될 것이다. 2030년대의 정치인들은 자신의 약점을 미리 공개하고, 이를 정체성의 일부로 각인시키는 능력을 가져야 한다. 학벌이 없다면 "현장 경험이 풍부하다"로, 정치 경험이 부족하다면 "기성 정치의 부패에 물들지 않았다"로 전환하는 식이다. 약점은 더 이상

숨겨야 할 것이 아니라 차별화의 원천이 된다.

중요한 것은 이런 전환이 단순한 언어적 기술이 아니라는 점이다. 실제로 유권자들의 가치관이 변하고 있다. 한국의 MZ세대는 '공정'을 최우선 가치로 삼는다. 이들에게는 완벽하게 포장된 기성 정치인보다, 불완전하지만 자신의 약점을 인정하는 정치인이 더 설득력 있다. 결핍은 투명성의 증거가 되고, 투명성은 곧 신뢰의 기반이 된다.

따라서 앞으로의 정치인은 약점을 숨기는 사람이 아니라 약점을 브랜드화하는 사람일 것이다. 2040년대의 지도자는 스펙과 무결함이 아니라, 결핍을 통해 만들어낸 고유한 서사로 자신을 정당화하게 될 것이다. 이는 안티히어로 시대를 넘어서는 새로운 정치적 언어가 될 가능성이 크다.

AI 시대의 인간적 정치

2023년 루마니아가 세계 최초로 AI 명예 고문 이온(ION)을 도입하고, 2018년 일본 도쿄 타마시 시장 선거에 'AI 마츠다'라는 가상 후보가 등장한 사건은 단순한 해프닝이 아니다. 이는 정치가 기술 영역으로 확장되고 있음을 보여주는 징후다. 2030년대에는 실제 AI 정치인이 당선되는 사례가 등장할 가능성도 배제할 수 없다. 실제로 한국에서도 지방자치단체 차원에서 AI 보좌관이나 정책 분석 시스템을 도입하려는 움직임이 확산되고 있다.

그러나 이것이 곧 인간 정치인의 종말을 의미하지는 않는다. 오히려 역설적으로, AI가 정치에 진입할수록 인간 정치인의 '인간다움'은 더욱 부각될 것이다. AI는 방대한 데이터를 분석해 최적의 정책 해법을 제시할 수 있지만, 인간의 불합리성과 욕망, 공감의 감각을 이해하는 데는 한계가 있다. 더군다나 AI는 책임을 지지 않는다. 자유민주주의에서 책임성(accountability)은 본질적 요소이며, 이 지점에서 인간 정치인의 불완전성이 오히려 정당성을 뒷받침한다. 정치는 단순한 문제 해결이 아니라 '함께 사는 삶'을 설계하는 예술이기 때문이다.

여기서 안티히어로들의 결핍은 새로운 의미를 갖는다. 과거에는 정치인의 실수, 스캔들, 불완전함이 치명적 약점으로 여겨졌지만, AI 시대에는 그것이 오히려 '인간 정치'의 증거가 된다. 기계는 실패하지 않지만, 인간은 실패를 통해 배우고, 때로는 불완전한 선택을 통해 공동체적 정체성을 만들어낸다.

2040년경이면 정치의 정통성은 이원적 구조를 가질 가능성이 높다. AI는 '기술적 정통성'을, 즉 합리적 정책 설계와 행정 효율을 담당한다. 반면 인간 정치인은 '인간적 정통성'을, 즉 가치 판단과 비전 제시, 그리고 불완전성을 통한 공감 능력을 담당하게 될 것이다.

중요한 것은 완벽함이 아니라 투명하고 인간적인 진정성이다. 실수하더라도 진심이 드러나는 정치인, 결핍을 인정하면서도 공동체와 함께 성장하려는 정치인이 더 큰 신뢰를 얻게 될 것이다.

'인간적 결핍'을 전략적 자산으로 만드는 법

결핍의 브랜딩: 개인사를 정치적 메시지로
정치의 미래는 더 이상 '완벽함'을 가장 잘 흉내 내는 자에게 열려 있지 않다. 오히려 자신의 약점과 결핍을 전략적으로 드러내고, 그것을 새로운 정통성의 자원으로 재구성하는 능력에 달려 있다. 이를 우리는 '결핍의 브랜딩'이라 부를 수 있다.

노무현의 "바보 노무현"은 그 대표적 사례다. 그는 서투름과 촌스러움을 숨기지 않았고, 오히려 그것을 '서민 대통령'이라는 브랜드의 핵심으로 전환시켰다. "저도 여러분과 같은 사람입니다"라는 메시지가 그 속에 담겨 있었다. 이는 단순한 자기고백이 아니라, 결핍을 정치적 자산으로 전환하는 탁월한 브랜딩 전략이었다.

이 과정은 세 단계로 요약할 수 있다. 첫째, 결핍을 솔직하게 제시한다. "저는 명문대를 나오지 못했습니다." 둘째, 그 경험을 사회적 맥락 속에서 해석한다. "그래서 대학 서열 문화의 피해를 직접 체험했습니다." 셋째, 그것을 정치적 비전으로 연결한다. "따라서 저는 불평등한 교육 구조를 반드시 바꾸고자 합니다." 이처럼 개인적 약점은 사회적 문제의 인식으로 이어지고, 다시 정치적 행동의 정당성으로 확장된다.

2030년대 이후의 정치인들은 바로 이런 전략을 표준처럼 활용하게 될 것이다. 예컨대 정치 신인이 스펙이 부족하다면, 그것을 "기성 엘리트에 물들지 않았다"라는 메시지로 바꿀 수 있다. 해외 유학 경험이 없다면, "현장에서 발로 뛰며 현실을 배웠다"는 말로 재구성할 수 있다. 중요한 것은 결핍을 변명으로 소비하는 것이 아니라, 그 결핍 때문에 얻게 된 독특한 시각과 문제의식을 강조하는 것이다.

정치철학적으로 보자면, 아렌트가 말한 '평등한 존재들 사이의 활동'이라는 정치 개념은, 결핍을 공유하는 경험을 통해 더욱 분명히 드러난다. 결핍은 바로 그 평등성을 상징한다. 또 라클라우와 무페의 주장처럼 정치적 정체성은 주어진 것이 아니라 구성되는 것이기에, 결핍 또한 담론적 실천 속에서 새로운 의미를 얻는다. 더 나아가 일본의 와비사비 미학이나 레너드 코헨의 노랫말처럼, 균열과 결함이 있기 때문에 빛이 들어올 수 있다는 역설적 진리가 정치에도 적용되는 것이다.

AI 시대에 이 전략은 더욱 중요해진다. 인공지능이 완벽한 논리와 정보 처리를 보여줄수록, 인간 정치인은 불완전성과 감정, 실수와 학습이라는 '결핍'을 통해 차별화된다. 다시 말해, 결핍은 약점이 아니라 인간 정치만이 가질 수 있는 고유한 경쟁력이 된다.

실패 경험의 활용: 성장 서사의 구축

안티히어로들의 공통된 특징 중 하나는 실패를 감추지 않는다는 점이다. 오히려 그들은 실패를 자신의 정치적 정체성에 적극적으로 편입시켜, 그것을 성장과 성숙의 증거로 재구성한다. 이는 단순한 위기 극복이 아니라, 실패 자체를 서사의 일부로 끌어안는 전략이다.

이준석의 사례가 대표적이다. 그는 당대표직을 상실하며 정치적 몰락을 경험했지만, 그 시간을 단순히 '암흑기'로 정의하지 않았다. 오히려 봉사활동과 유튜브 활동을 통해 새로운 모습을 보여주었고, 결국 국회에 복귀하면서 완성도 높은 '재기 서사'를 만들어냈다. 여기서 핵심은 실패를 은폐하지 않고, 그것을 변곡점으로 전환하는 능력이다.

이러한 방식은 미래의 정치인들에게 필수적 전략이 될 것이다. 특히 젊은 세대는 '완성된 영웅'보다 '성장하는 인간'에게 더 큰 매력을 느낀다. 대학내일20대연구소가 2024년에 발표한 조사에 따르면, MZ세대는 '완성된 어른'보다 '배우고 성장하는 어른'에게 더 큰 호감을 갖는다. 이는 스스로도 끊임없이 성장 과정에 있기 때문에, 비슷한 과정을 걷는 정치인에게 강한 동질감을 느끼는 것이다.

따라서 2030년대의 정치인은 더 이상 '완벽한 이력서'를 요구받지 않을 것이다. 오히려 정치적 자산이 되는 것은 흥미로운 성장 스토리다. 창업에 실패한 경험, 시민운동에서 좌절을 겪은 경험, 정신적 위기를 극복한 경험까지도 정치적 정통성을 뒷받침하는 자산으로 기능할 수 있다. 중요한 것은 이 경험들이 단순한 '실패 기록'이 아니라, 어떻게 다시 일어섰는가를 보여주는 증거가 된다는 점이다.

정치철학적으로 보자면, 이는 인간적 불완전성이 정치적 정통성의 원천이 될 수 있음을 보여준다. 플라톤의 철인군주가 완벽한 지혜를 전제했다면, 오늘날의 민주주의는 오히려 불완전한 인간들의 실패와 회복에서 힘을 얻는다. 실패를 고백하고 그것을 통해 배우는 정치인은, 비판 불가능한 완벽한 군주보다 더 민주적이고 더 설득력 있는 지도자가 된다.

소통 방식의 혁신: 수평적 대화의 확산

안티히어로 정치의 또 다른 특징은 기존의 하향식 커뮤니케이션을 거부하고, 시민과의 수평적 소통을 지향한다는 점이다. 이들은 '지도자'로서 가르치려 하기보다, '동료'로서 함께 고민하는 자세를 택한다. 노무현의 시민과의 대화가 그 시초였다면, 오늘날에는 SNS와 인터넷 방송을 통한 실시간 소통이 그 자리를 이어받고 있다. 그러나 이것은 시작일 뿐이다. 앞으로 다가올 시대에는 훨씬 더 혁신적인 소통 방식이 정치의 장을 재편할 것이다.

2030년대에는 VR(가상현실) 기술을 활용한 정치 소통이 일상화될 가능성이 크다. 정치인이 가상공간에서 시민들과 직접 만나 토론하는 장면은 더 이상 공상과학이 아니라 현실이 될 수 있다. 정치인이 어떤 아바타를 선택하느냐도 중요하다. 지나치게 매끈한 아바타보다 현실적인 모습, 혹은 불완전함을 드러내는 아바타가 더 큰 신뢰를 준다. 이는 안티히어로적 정치가 불완전성을 숨기지 않고 드러낼 때 오히려 더 설득력을 가지는 원리와 같다.

또한 AI를 매개로 한 쌍방향 정책 소통이 확산될 것이다. 정치인이 물리적으로 모든 시민과 대화할 수는 없지만, AI는 방대한 의견을 수집·분석해 요약하고, 이를 정치인에게 전달할 수 있다. 정치인은 다시 AI의 매개를 통해 시민들에게 답변을 공유할 수 있다. 그러나 기술 그 자체보다 더 중요한 것은 정치인의 진정성이다. 얼마나 완벽한 답변을 내놓는가가 아니라, 시민들의 질문에 대해 진지하게 고민하고 있다는 태도를 보여주는 것이 핵심이다.

따라서 미래의 성공적인 지도자는 "이 문제는 저도 확답을 드리기 어렵습니다. 하지만 함께 고민해보겠습니다"라고 말할 수 있는 사람일 것이다. 이는 지도자의 권위가 지식의 완벽함에서 나오는 것이 아니라, 불완전성을 인정하면서도 함께 대안을 모색하는 능력에서 비롯됨을 보여준다. 수평적 대화가 확산될수록, 정치는 점점 더 '완벽한 답'을 내놓는 게임이 아니라 '함께 질문을 던지고 길을 찾는 과정'으로 재구성될 것이다.

제도 정치와 새로운 리더십의 접점

제도적 혁신의 필요성: 안티히어로를 수용하는 시스템

21세기의 안티히어로적 리더십은 기존 제도와의 충돌에서 출발한다. 현재의 정치 제도는 20세기 산업화와 권위주의 시대에 설계된 틀을 여전히 유지하고 있다. 중앙집권적 구조, 위계적 리더십, 엘리트 중심의 선발 시스템은 과거에는 안정과 효율을 담보했을지 모르지만, 오늘날의 불완전하고 수평적인 리더십과는 쉽게 맞닿지 않는다. 따라서 제도적 혁신은 선택이 아니라 필수다.

무엇보다 중요한 과제는 정치 진입 장벽의 완화다. 여전히 한국 정치의 입구는 학벌, 경력, 인맥으로 봉쇄되어 있다. 이준석 같은 '0선' 정치인이 당대표가 된 사례는 예외적 사건이었을 뿐, 구조적 변화로 이어지지 않았다. 그러나 미래의 정치에서 이런 '예외'는 반드시 일상적인 규칙이 되어야 한다. 다양한 사회적 배경을 가진 정치인들이 제도권에 진입할 수 있어야, 안티히어로적 리더십이 사회 전반을 건강하게 자극할 수 있다.

둘째, 중앙집권에서 분권으로의 전환이 필요하다. 국회미래연구원(2023)은 한국 정치의 바람직한 방향으로 "다양한 지역사회의 공존과 발전을 위한 분권형 거버넌스"를 제시했다. 이는 단순한 행정 권한 이양이 아니라, 새로운 리더십의 실험장이 지역 단위에서 더 많이 열려야 한다는 의미다. 중앙정치에서 소외되었던 다양한 목소리와 경험이 지역 정치에서 힘을 얻을 때, 안티히어로적 리더십은 일시적 돌발이 아니라 제도적 흐름으로 자리잡게 된다.

셋째, 정당 내부 민주화가 뒤따라야 한다. 현재의 정당은 여전히 '보스 정치인' 중심의 위계 구조를 유지한다. 당 지도부가 의제를 독점하고, 당원은 수동적 추종자로 머무는 구조에서는 새로운 리더십이 자라날 수 없다. 안티히어로적 리더십을 수용하려면 정당도 수평적 의사결정을 실험해야 한다. 이를 위한 한 가지 흥미로운 방안은 블록체인 기반의 디지털 당내 민주주의다.

당원들이 스마트폰을 통해 주요 정책과 인사 결정에 실시간으로 참여하고, 그 과정이 투명하게 기록되는 시스템이 도입된다면, 정당은 더 이상 폐쇄적 카르텔이 아니라 열린 플랫폼으로 진화할 수 있다. 이 과정에서 주목받는 정치인은 더 이상 명령하는 지도자가 아니라, 당원들의 협력을 이끌어내는 퍼실리테이터형 리더일 것이다.

선거제도의 개혁: 다양성의 확대

안티히어로 시대에 맞는 정치 제도를 설계하려면 선거제도의 개혁이 핵심 과제가 된다. 지금의 단순다수제(소선거구제)는 구조적으로 기존 거대정당에 유리하고, 신인이나 소수 정당에게는 불리하다. 따라서 제도는 현 상태를 고착화하기보다는 새로운 세력과 다양한 리더십이 정치에 진입할 수 있는 통로를 열어야 한다.

첫째, 비례대표제 확대가 필요하다. 비례성이 강화되면 다양한 배경의 정치인들이 국회에 진출할 기회가 열린다. 특히 청년, 여성, 장애인, 이주민 등 기존 정치에서 배제되었던 집단들이 제도적으로 대표성을 확보할 수 있다. 이는 단순한 숫자의 문제가 아니라, 민주주의의 정당성을 넓히는 과정이다.

둘째, 후보자 자격 요건의 재검토가 요구된다. 현행 제도는 형식적으로는 연령·거주 요건만 규정하고 있지만, 실제로는 대학 졸업장, 특정 지역 기반, 정당 경력 같은 비공식적 기준이 강하게 작동한다. 이런 암묵적 장벽들을 제도적으로 드러내고 제거하는 작업이 뒤따라야 한다. 정치란 '엘리트 클럽'이 아니라 사회 각계각층이 참여할 수 있는 열린 장(場)이 되어야 하기 때문이다.

셋째, 새로운 유형의 정당 가능성을 열어야 한다. 아이슬란드의 해적당(Pirate Party)처럼, 기존 정당의 위계적 구조를 거부하고 수평적이고 개방적인 형태로 운영되는 정당들이 이미 등장하고 있다. 한국 역시 2030년대에는 이런 '포스트모던 정당'의 실험이 나타날 수 있다. 이는 기존 제도를 단순히 보완하는 수준이 아니라, 정치의 운영 방식을 근본적으로 바꾸는 시도가 될 것이다.

결국 선거제도 개혁의 핵심은 단순히 의석 분배 방식을 조정하는 것이 아니라, 정치적 다양성과 사회적 대표성을 제도적으로 보장하는 것이다. 이것이야말로 불완전하지만 솔직한 리더십이 제도와 조화를 이루며, 민주주의를 더 포용적인 시스템으로 진화시키는 길이다.

정책 결정 과정의 민주화

정치 제도의 혁신이 필요한 또 다른 영역은 바로 정책 결정 과정이다. 지금까지의 민주주의는 대의제적 틀 속에서 정치인·관료·전문가가 정책을 설계하고, 시민은 결과를 수동적으로 받아들이는 구조였다. 그러나 안티히어로 시대가 요구하는 것은 시민들이 단순한 '수용자'가 아니라 적극적인 정책 공동 생산자로 참여하는 것이다.

이미 동아시아 여러 나라에서 그 가능성이 시험되고 있다. 서울시립대 임동균 교수의 연구에 따르면, 한국의 신고리 5·6호기 공론화 과정은 숙의 민주주의의 전형적인 사례였다. 일본 또한 후쿠시마 원전 사고 이후 에너지 정책을 두고 대규모 공론화를 실시했다. 이러한 경험은 전문가 중심의 정책 결정이 반드시 최선이 아님을 보여준다. 오히려 숙의 과정을 통해 시민들이 직접 숙고하고 합의할 때, 정책은 더 넓은 정당성과 지속성을 얻는다.

앞으로는 기술 발전이 이러한 흐름을 가속화할 것이다. 인공지능과 디지털 플랫폼은 수십만 명의 시민이 동시에 온라인 토론에 참여하고, 의견을 분석·집계할 수 있는 환경을 가능하게 한다. 2030년경이면 "디지털 아테네 민주주의"라 부를 만한 체제가 현실화될 수 있다. 과거의 도시국가적 직접 민주주의가 21세기 기술을 통해 재현되는 셈이다.

이 과정에서 정치인의 역할 역시 근본적으로 달라진다. 더 이상 모든 결정을 내려주는 '결정자'가 아니라, 시민들의 의견을 모아 조율하고 공론화를 설계하는 '조정자' 혹은 '퍼실리테이터'가 되어야 한다. 안티히어로 리더십이 강조하는 수평적 소통 능력은 바로 이런 전환의 핵심이다. 정치인의 권위는 더 이상 지식과 경력에서만 나오는 것이 아니라, 얼마나 다양한 시민의 목소리를 공정하고 투명하게 연결할 수 있는가에서 나온다.

결국 정책 결정 과정의 민주화는 단순한 제도의 보완이 아니다. 그것은 민주주의를 한층 성숙한 단계로 끌어올리는 철학적·실천적 과제다. 시민들이 '정책의 소비자'에서 '정책의 공동 설계자'로 전환될 때, 민주주의는 단순히 제도를 넘어선 삶의 방식으로 자리 잡을 수 있다.

한국 정치의 다음 장: 2025-2030 대전환

세 개의 시장에서 벌어지는 정치 게임

한국 정치를 이해하려면 세 개의 서로 다른 시장이 동시에 작동한다는 걸 알아야 한다. 첫 번째는 '팬덤 시장'이다. 여기서는 정체성과 동원력이 화폐다. 상처받은 사람들이 모여 집결하고, 그 에너지가 정치적 힘으로 바뀐다. 두 번째는 '중도 시장'이다. 교차투표를 하고 정권교체의 분수령을 만드는 사람들의 공간이다. 마지막은 '제도 시장'이다. 헌법과 사법부, 정당과 관료, 언론이라는 필터를 통과해야만 살아남을 수 있는 곳이다.

안티히어로는 이 세 시장을 모두 공략해야 한다. 자신의 결핍과 상처를 정체성으로 바꿔 팬덤을 모으고, 정책의 실용성과 '인정-학습-조정'의 반복으로 중도를 설득하며, 제도의 룰을 익혀 지속가능성을 확보해야 한다. 실패하는 안티히어로들은 대개 같은 패턴을 밟는다. 팬덤에 과잉 의존하다가 중도의 신뢰를 잃고, 결국 제도의 반작용에 무너진다.

이재명의 실험: 위기 이후 정부의 딜레마

2025년 6월 4일, 이재명은 대한민국 대통령이 되었다. 12·3 비상계엄 사태와 탄핵이라는 헌정 격변을 뚫고 나온 '위기 이후 정부'였다. 이 맥락 자체가 그에게 안티히어로적 정당성을 부여했다. 상처받은 리더가 상처받은 나라를 이끈다는 서사 말이다.

하지만 서사만으로는 국정을 운영할 수 없다. 이재명에게는 세 가지 전략이 필요하다. 첫째, 정치적 진정성을 제도화하는 것이다. "직설-사과-수정"의 반복을 개인의 성격이 아니라 국정 프로세스로 만들어야 한다. 국정 브리핑을 규범화하고, 조정 결과를 투명하게 공개하는 식으로 말이다. 둘째, 팬덤을 시민화해야 한다. 열성 지지자들을 정책참여 네트워크로 바꿔내는 일이다. 공론장에서 시작된 국민제안이 부처의 실험사업으로 이어지고, 그 평가 결과가 다시 공개되는 선순환을 만들어야 한다. 셋째, 경제와 외교에서는 철저한 프래그머티즘이 필요하다. 글로벌 보건이나 기술 협력 같은 상징적 일정으로 대외 신뢰를 쌓고, 정책선언이 현실과 만나는 지점을 분기별로 검증해야 한다.

집권 1년 차의 성패는 결국 팬덤의 에너지를 제도적 성과로 얼마나 빨리 변환시키느냐에 달려 있다.

보수의 부활: 세 갈래 길

보수는 지금 세 갈래 길에 서 있다. 어느 길을 택하느냐에 따라 운명이 갈릴 것이다. 첫 번째는 '관리형 보수'의 길이다. 오세훈이 대표적인 인물이다. 도시 행정에서 쌓은 신뢰와 갈등을 완충하는 능력이 강점이다. 중도친화적인 네트워크도 갖고 있다. 문제는 변화에 대한 욕구를 충족시키지 못한다는 점이다. 이를 극복하려면 생활정책에 집중해야 한다. 교통비, 주거비, 안전 같은 구체적인 문제들을 가시적으로 해결하면서 '정체성 논쟁을 생활비 논쟁으로 치환'해야 한다. 동시에 "과거 진영 대결과의 결별"을 선언해 팬덤의 과잉 요구를 차단해야 한다.

두 번째는 '운동형 보수'의 길이다. '윤어게인' 같은 구호가 여기에 속한다. 피해자-복권 서사로 지지층을 재집결시키는 전략이다. 동원력과 열광, 서사 응집력이 강점이다. 하지만 전국 단위로 확장하기 어렵다는 한계가 있다. 살아남으려면 대리인 전략이 필요하다. 윤석열 본인이 직접 나서는 대신 '법치와 안보'라는 정체성을 상속받은 후보를 내세우는 것이다. 동시에 팬덤의 메시지를 중도가 수용할 수 있는 안전 공약으로 재가공해야 한다.

세 번째는 '연합형 신보수'의 길이다. 인물을 먼저 정하지 않고 연합 아키텍처를 설계하는 방식이다. 세대, 지역, 직능을 아우르는 플랫폼을 만든 다음 적절한 인물을 얹는다. 확장성과 협치의 신호를 보낼 수 있다는 게 장점이다. 다만 팬덤 에너지가 분산될 위험이 있다. 성공하려면 2030-40대 이슈(일, 집, 돌봄)와 중소도시 전략을 전면에 내세워야 한다.

여기서 핵심은 순서다. 보수의 승리 조건은 '강한 1인'이 아니라 "과열된 팬덤을 흡수하면서도 중도에게 안전한 플랫폼"을 먼저 만드는 것이다. 플랫폼 없이 인물을 먼저 내세우면 플랫폼이 인물의 팬덤에 포획당한다.

진보의 고민: 포스트 이재명 시대의 준비

 진보 진영은 '계승-확장-절제'의 삼각형을 완성해야 한다. 정청래 당대표 체제의 결집력(계승), 김민석 총리 중심의 실무력(확장), 그리고 갈등의 비가시화(절제)가 균형을 이뤄야 한다는 뜻이다.

 정청래의 장점은 위기 국면에서의 조직 결속과 의제 선명성이다. 하지만 중도 신뢰가 취약하다는 약점이 있다. 따라서 '강한 메시지-유연한 협상'의 역할 분담이 필요하다. 김민석 총리는 정책 조정 능력과 예측 가능성이 강점이다. 문제는 다소 밋밋해 보인다는 점이다. 이를 보완하려면 분기별 성과 스토리텔링을 제도화해 시민이 체감할 수 있는 지표를 만들어야 한다.

귀환의 정치: 조국과 윤석열이 돌아올 수 있을까

 정치에서 완전한 퇴장은 없다. 조국과 윤석열 모두 나름의 귀환 경로를 갖고 있다. 조국은 2025년 8·15 특별사면으로 법적 리셋이 이뤄졌다. 지식인과 피해자라는 이중 서사, 그리고 뛰어난 이슈 프레이밍 능력이 강점이다. 복원 경로는 '낮은 톤의 반성과 공공선으로의 전환'이다. 검찰개혁 프레임을 사법 신뢰 회복, 피해자 보호, 재범 감소 같은 구체적인 성과지표로 번역할 때 중도 확장이 가능하다.

윤석열은 파면과 수감이라는 극단적 몰락을 겪었지만 '윤어게인'이라는 현상은 여전히 남아있다. 법과 안보의 상징자본, 그리고 팬덤의 충성도가 강점이다. 현실적인 경로는 본인이 직접 재도전하기보다는 '정체성 상속'이다. 법치와 안보, 국가주의적 미덕을 계승하는 대리인을 통해 정치적 자산을 활용하는 것이다. 동시에 정책을 유화 모듈로 만들어 중도에 어필해야 한다.

규칙과 연결의 정치: 장동혁과 조정훈의 가능성

화려한 영웅들이 사라진 자리에서 우리는 새로운 유형의 안티히어로를 발견할 수 있다. 장동혁과 조정훈이 그 예다. 장동혁은 '규칙을 무기로 드는' 제도형 안티히어로다. 법관 경력과 사무총장 경험을 바탕으로, 이제 당대표로서 갈등을 감정이 아니라 '규칙→절차→집행'의 언어로 다룬다. 서사는 건조하지만 예측 가능성이라는 신뢰를 남긴다. 이런 유형이 성공하려면 절차를 생활의 규칙으로 번역해야 한다. 보령과 서천에서 치안, 교통, 임대차, 노동안전 같은 일상의 룰이 공정하게 작동한다는 걸 지표와 실험, 공개의 반복으로 증명해야 한다. 윤석열 전 대통령 지지층을 배제하지 않으면서도, 팬덤 없이 지지를 축적하는 방법이다.

조정훈은 '연결을 무기로 드는' 가교형 안티히어로다. 세계은행, 시대전환을 거쳐 국민의힘으로 넘어와 수도권 격전지에서 당선된 그의 궤적은 교차 가능성 자체를 상징한다. 진영의 승부가 아니라 삶의 환전, 즉 국제경제의 문장을 임대료, 통근시간, 안전, 교육비처럼 체감되는 성과로 바꿔내는 데 강점이 있다. 이런 유형은 연합의 설계자가 될 수 있다. 청년, 1인가구, 창업, 문화 노동을 묶는 생활연합을 시범 구축하고, 광역-기초-국회에 걸친 삼각 협치로 보여줄 때 '기회주의'라는 의심을 결과로 지울 수 있다.

두 유형은 상호보완적이다. 규칙이 연합을 지탱하고, 연합이 규칙을 확장시킨다. 영웅의 부재는 더 이상 결핍이 아니라 성숙의 조건이 될 수 있다.

2028년 총선과 2030년 대선: 세 가지 시나리오

2028년 총선은 세력별로 서로 다른 승리 조건을 갖는다. 여당인 진보 진영의 승리 조건은 세 가지다. '생활-안전-미래' 3축 소구(생활비와 주거, 보건안보와 AI 위험관리, 저출생-이민 정합 설계), 갈등의 비가시화(여당 내 노선차의 공개 충돌 최소화), 그리고 중앙-지방 동시 성과다.

야당인 보수 진영의 승리 조건도 세 가지다. 팬덤 절연 장치(과격 메시지의 외주화와 비당권화), 연합형 공천 아키텍처(세대, 지역, 직능의 블록 공천), 그리고 생활정책 전면화다. 정체성 이슈보다 '가격-시간-안전'을 전면에 내세워야 한다.

무당층과 스윙 보터들의 동향이 캐스팅보트를 쥘 것이다. 특히 수도권 2030의 교차투표 지수와 무당층 전환율이 핵심이다. 여야 모두 월세, 통근시간, 치안, 의료대기, 교육비 같은 분기별 체감 지표로 자기 진영의 확신 편향을 억제해야 한다.

2030년 대선은 세 가지 결말이 가능하다. 첫째, 안티히어로 대 매니저의 구도다. 진보의 정책형·절제형 후보와 보수의 관리형 후보가 맞붙는 경우다. 생활 안정을 선호하는 사이클에서 유리한 후보가 이길 것이다. 둘째, 운동 대 연합의 구도다. 보수 진영 내에서 운동형 후보와 연합형 후보가 경선을 벌이는 경우다. 운동은 결집을, 연합은 확장을 가져다준다. 본선에서는 대체로 확장이 이긴다. 셋째, 귀환 대 세대교체의 구도다. 조국이나 윤석열의 상징 자본과 40-50대 신인이 맞붙는 경우다. 상징은 에너지를, 세대교체는 신뢰를 준다. 결합 모델, 즉 상징의 지지와 신인의 얼굴을 합친 형태가 최적해가 될 가능성이 높다.

지금까지 살펴보았듯이 2025년부터 2030년까지의 승자는 팬덤 에너지를 흡수하되, 중도에게 안전하고, 제도 필터를 통과하는 세력이 될 것이다. 안티히어로의 성공은 '솔직함' 자체가 아니라 "솔직함→학습→제도화"의 반복을 정권 운영의 표준작업절차로 만들 수 있는가에 달려 있다. 한국 정치가 다시 성숙해지려면 우리는 열광 대신 예측 가능한 규칙과 낮은 비용의 연결을 축적해야 한다. 영웅을 기다리는 대신 시스템을 만들어야 한다. 그때 비로소 안티히어로의 정치는 다음 단계로 나아갈 수 있을 것이다.

미래 정치 지형 예측: 한국·세계 비교

2030년: 세대교체의 완성과 새로운 갈등

2030년 무렵, 한국 정치의 가장 큰 변화는 세대교체의 완성이다. 지금의 2030세대가 4050세대가 되어 정치의 주류로 자리 잡는다. 이 과정에서 정치문화 자체가 달라진다.

2025년 한국경제신문 조사에 따르면, 2030세대의 정치 성향은 이미 흔들리고 있다. 진보에서 보수로 이동한 비율은 9.5%, 반대로 보수에서 진보로 옮겨간 비율은 3.9%였다. 이는 고정된 진영 대립이 약화되고, 세대적 특성을 반영한 새로운 정치축이 형성되고 있음을 보여준다.

특히 세대 갈등은 핵심 의제로 부상할 전망이다. 한국리서치 조사에 따르면, 세대 갈등이 "매우 심각하다"고 응답한 비율은 2020년 18%에서 2023년 37%로 두 배 이상 증가했다. 젠더 갈등 역시 정치의 주요 변수로 남을 것이다. 2024년 조사에서 64%가 "젠더 갈등이 심각하다"고 답했지만, 이는 전년 대비 4%포인트 감소한 수치였다. 갈등이 단순히 사라지는 것이 아니라, 새로운 균형점과 정치적 의미를 찾아가고 있다는 신호다.

이런 맥락에서 2030년대의 정치인은 기존의 진보-보수 프레임으로는 설명할 수 없는 '다차원 갈등 시대'에 직면한다. 세대, 젠더, 계층, 지역이 얽혀 복합적인 균열 구조가 형성된다. 따라서 특정 집단의 대변자에 머무는 정치인이 아니라, 다양한 집단의 '교집합'을 찾아내는 정치인이 성공할 것이다. 이때 안티히어로적 정치인의 복합적 정체성이 중요한 자산이 된다.

흥미롭게도 이런 변화는 한국만의 특수 현상이 아니다. 세계적으로도 기존의 진보-보수 구도가 흔들리고 있다. 미국에서는 민주당-공화당 구도 위에 세대·젠더·인종 갈등이 중첩되고 있으며, 유럽에서는 이민·환경·AI 문제를 둘러싼 새로운 정치 갈등이 기존 정당 구조를 재편하고 있다.

2024년 조사에서 유럽인의 51%, 중국인의 75%가 "AI가 국회의원 의석 일부를 차지하는 것에 찬성한다"고 응답했다. 이는 기존 정치 엘리트에 대한 불신과 동시에 정치 정통성의 대체 모델을 모색하는 흐름을 반영한다. 한국에서 나타나는 안티히어로 정치인들의 부상은 세계적 탈엘리트 정치와 맞닿아 있는 셈이다.

2035년: 기술과 정치의 융합

2035년경이면 인공지능과 디지털 기술이 정치 영역과 본격적으로 결합하며, 정치 운영의 방식 자체가 크게 재편될 것이다. 이미 2020년대 중반부터 여러 국가에서 AI 보좌관이나 가상후보가 실험적으로 등장했는데, 앞으로는 이런 흐름이 제도적 차원까지 확대될 가능성이 높다.

가장 먼저 두드러질 변화는 선거 운동의 개인화다. AI는 방대한 데이터 분석 능력을 활용해 유권자의 정치 성향, 관심사, 심리적 반응 패턴까지 정밀하게 파악할 수 있다. 이에 따라 후보자들은 맞춤형 메시지를 개별 유권자에게 전달할 수 있게 된다. 그러나 여기서 중요한 것은 단순한 기술적 정교함이 아니라 메시지의 진정성이다. 아무리 세밀하게 조율된 홍보 전략이라 해도, 정치인의 언행에서 진심이 느껴지지 않는다면 유권자들은 이를 '기계적 포장'으로 간파하게 된다.

정책 개발 과정 역시 데이터 기반 의사결정으로 심화된다. AI가 수백만 시민의 의견을 실시간으로 수집·분석해 정책 아이디어를 제시하고, 각 정책이 가져올 효과를 시뮬레이션해 제공하는 것이 가능해질 것이다. 정치인은 단순히 전문가나 관료의 보고를 받는 것이 아니라, AI가 축적한 사회 전체의 집단지성을 토대로 최종 결정을 내리게 된다. 이는 의사결정의 투명과 효율성을 높이지만, 동시에 정치인의 윤리적 판단 능력을 더욱 부각시키는 결과를 낳는다. 왜냐하면 데이터는 방향을 제시할 수는 있어도, 그 데이터를 어떤 가치 체계 속에서 해석하고 실행할지는 여전히 인간의 몫이기 때문이다.

결국 2035년의 성공적인 정치인은 "데이터를 읽는 사람"이자 동시에 "사람의 마음을 읽는 사람"이 되어야 한다. AI는 냉정한 분석과 최적해를 제시하지만, 인간적 감성과 직관, 그리고 불완전성을 공유하는 능력은 대체할 수 없다. 따라서 기술을 활용하면서도 그것에 종속되지 않는, AI와 협력하지만 AI를 넘어서는 지도자가 경쟁력을 얻게 될 것이다.

2040년: 글로벌 안티히어로 네트워크의 구축

2040년경이면 안티히어로 현상은 특정 국가의 예외가 아니라 전 지구적 정치 패러다임으로 자리 잡을 것이다. 기존 정치 엘리트에 대한 불신이 서구·비서구를 가리지 않고 확산되면서, 각국의 대안적 정치 지도자들이 자연스럽게 하나의 국제적 연대로 묶이게 된다. 이를 우리는 "글로벌 안티히어로 네트워크"라 부를 수 있다.

이미 그 징후는 보인다. 우크라이나의 젤렌스키, 브라질의 룰라, 한국의 이재명은 서로 다른 이념과 제도적 맥락 속에서 활동했지만, 공통적으로 '기득권에 맞선 도전자'라는 정체성을 공유했다. 이들 사이의 연대가 제도적 차원을 넘어 문화·정치·시민사회를 잇는 교류로 확장될 가능성이 크다.

이 네트워크의 등장은 국제정치 질서에도 변화를 일으킬 것이다. 전통적으로 외교는 정부 간 협상, 즉 국가 대 국가의 관계였다. 그러나 안티히어로 정치인들은 시민사회와의 직접 연결을 선호한다. 그 결과 공식 외교와 병행하는 '민간외교(para-diplomacy)'의 비중이 크게 늘어날 것이다. 예컨대, 한 국가의 지도자가 직접 해외 시민들과 온라인 플랫폼을 통해 대화하거나, 공동의 사회운동을 조직하는 모습이 일상이 될 수 있다.

한국의 경우 이 변화는 위기이자 기회다. 이미 K-컬처가 전 세계적 문화 네트워크를 형성하면서 한국에 대한 친밀감을 높이고 있다. 이를 기반으로 한국은 '안티히어로 정치 모델'을 세계에 전파할 수 있다. 특히 아시아에서 그 가능성은 더 크다. 서울시립대 임동균 교수의 연구에 따르면, 한국·일본·중국·몽골 등 동아시아 국가들에서 '숙의 민주주의'가 점차 확산되고 있다. 한국이 이 흐름을 선도한다면, '아시아적 민주주의 모델'을 제시하며 글로벌 안티히어로 네트워크의 핵심 허브가 될 수 있다.

2045년: 포스트 안티히어로 시대의 개막

2045년이 되면 안티히어로는 더 이상 '반(反)영웅'이 아니다. 불완전함, 투명성, 수평적 소통이라는 안티히어로의 특징이 오히려 정치의 새로운 표준이 되면서, 정치 문화 자체가 '포스트 안티히어로 시대'로 진입한다. 이는 단순한 리더십의 변화가 아니라, 정치적 정통성의 구조적 전환을 뜻한다.

이 시기의 정치인은 '지도자(leader)'라기보다 '연결자(connector)'에 가깝다. 권위를 앞세워 대중을 이끄는 인물이 아니라, 시민과 시민, 지역과 지역, 국가와 국가를 이어주는 매개자가 된다. 기술 발전 덕분에 직접 민주주의적 요소가 제도 속에 깊숙이 자리 잡으면서, 정치인의 역할은 결정을 '내리는 자'에서 결정을 '조율하는 자'로 변한다.

정치인의 존재 가치가 사라지는 것은 아니다. 오히려 정치적 기술(political craft)은 더욱 정교해진다. 수많은 이해관계가 충돌하는 공간에서, 서로 다른 가치관을 중재하고, 집단 간 공통분모를 찾아내며, 아직 도래하지 않은 미래의 가능성을 설득력 있게 제시하는 역량이 핵심이 된다.

이 시대의 이상적 정치인은 '슈퍼 엠퍼서(Super Empath)'다. AI는 방대한 데이터를 분석하고 최적해를 제안할 수 있지만, 공감(empathy)이라는 영역만큼은 인간에게 고유하다. 성공적인 정치인은 인공지능이 제공하는 분석과 시뮬레이션을 토대로, 복잡한 사회의 감정을 읽고 다양한 집단의 욕망을 섬세하게 연결할 줄 아는 사람이다.

결국 2045년의 정치는 '합리적 기계'와 '공감적 인간'의 협력 속에서 작동할 것이다. AI가 '정책적 뼈대'를 제공한다면, 인간 정치인은 '윤리적 살'을 붙인다. 그 과정에서 불완전한 인간성은 더 이상 단점이 아니라, 정치의 정당성을 뒷받침하는 필수 자산이 된다.

한국적 맥락에서의 미래 시나리오

시나리오 1: 분권형 안티히어로 정치 (2030-2035)

2030년대 초반 한국은 지방분권의 강화와 함께 지역 정치의 자율성이 본격적으로 확대된다. 이 과정에서 각 지역 고유의 맥락을 반영하는 '로컬 안티히어로 정치인'들이 등장한다. 서울에서는 IT 스타트업 출신의 젊은 시장이, 부산에서는 항만 노동자 출신의 도지사가, 제주에서는 귀농 예술가 출신의 지사가 주목받는 식이다.

이들의 등장은 단순히 개별적 돌출 현상이 아니다. 중앙 정치가 놓치던 지역적 서사를 담아내며, '중앙-지역' 구조 대신 '지역-연합' 구조가 강화되는 계기가 된다. 국회미래연구원의 전망처럼 지역 정당 설립이 제도적으로 가능해진다면, 전국 정치는 더 이상 몇몇 거대 정당의 독점 구도가 아니라 다양한 지역적 정체성의 연합 체제로 재편될 수 있다.

정치철학적으로 이는 '중앙집권적 민주주의'에서 '다원적 민주주의'로의 전환이다. 시민들은 자신과 직접 연결된 정치인을 통해 정치적 대표성을 실감하고, 그 과정에서 안티히어로적 리더십—불완전하지만 진정성 있는 리더십—이 로컬 민주주의를 활성화시킨다.

시나리오 2: 디지털 네이티브 정치 혁명 (2035-2040)

2035년 전후로 MZ세대가 정치의 주류가 되면서, '디지털 네이티브 정치'가 본격화된다. 이 세대는 정치를 전통적인 제도와 위계가 아니라, 플랫폼과 네트워크의 방식으로 재구성한다.

모든 정치적 의사결정이 온라인에서 공개적으로 진행되고, 시민들은 실시간으로 투표·토론·편집에 참여한다. 선거 공약은 위키피디아처럼 시민이 함께 작성하고, 정책 집행 과정은 유튜브·틱톡 같은 플랫폼에서 투명하게 중계된다. 정치는 '행사장 연설'이 아니라 '라이브 스트리밍 대화'가 된다.

이 과정에서 성공하는 정치인은 '정당의 간판'이 아니라 자신만의 플랫폼 정치인이다. 기존 정당 구조는 약화되고, 개인이 직접 네트워크를 구축해 지지자와 협력하는 구조가 강화된다. 정치철학적으로 이는 대의민주주의의 쇠퇴와 참여민주주의의 확장을 의미한다. 단, 이는 동시에 '팬덤 정치'의 위험성을 내포한다. 정치인은 투명성과 개방성을 무기로 삼으면서도, 맹목적 추종으로 흐르지 않도록 균형을 잡아야 한다.

시나리오 3: 하이브리드 민주주의의 구현 (2040-2045)

2040년대에 들어서면 AI와 인간 정치인의 협력이 제도화되며 '하이브리드 민주주의'가 본격화된다. AI는 수백만 시민의 의견을 실시간으로 수집·분석하고 정책 시뮬레이션을 제공한다. 인간 정치인은 이 데이터 기반 결과를 바탕으로 가치 판단과 윤리적 결정을 내리는 '심판자' 역할을 한다.

이 시나리오에서 정치인의 자격 요건은 근본적으로 바뀐다. 학벌, 경력, 기성 정치 경험이 아니라 공감 능력, 윤리적 직관, 인간적 진정성이 핵심 자질이 된다. 동시에 AI와 협업할 수 있는 최소한의 기술 소양도 필요하다.

철학적으로 이는 '정치적 합리성'을 인간만의 특권으로 보던 전통적 사고의 해체다. AI가 '도구적 합리성'을 담당한다면, 인간 정치인은 '실존적 합리성'—가치, 윤리, 정체성의 문제를 다루는 영역을 전담하게 된다. 다시 말해, 불완전한 인간성은 단점이 아니라 AI 시대 정치의 핵심 자원이 된다.

미래를 위한 과제들

 안티히어로 시대가 민주주의를 긍정적으로 이끌려면 사회 전반의 준비가 필요하다. 단순히 제도 개혁만으로는 부족하다. 정치 교육, 미디어 환경, 제도적 안전망이라는 세 축에서 동시에 변화가 일어나야 한다.

 우선, 정치 교육의 혁신이 절실하다. 지금까지의 교육은 헌법, 제도, 절차 같은 형식적 요소에 치중했지만, 앞으로는 정치적 감수성과 시민적 역량을 길러내는 교육이 중심이 되어야 한다. 특히 젊은 세대는 완벽한 지도자를 기대하기보다 불완전하지만 함께 성장할 수 있는 동료로 정치인을 바라보는 훈련이 필요하다. 정치인들에게도 마찬가지로, 수평적 소통과 투명한 리더십을 체계적으로 학습할 기회가 주어져야 한다.

 다음으로, 미디어 리터러시의 강화가 중요하다. 디지털 기술과 AI의 발달은 민주주의의 기회를 넓히지만 동시에 가짜 뉴스와 딥페이크 같은 위협을 낳는다. 시민들이 진실과 조작을 구별할 수 있는 능력이 없다면, 안티히어로들의 '투명성'도 왜곡될 위험이 있다. 따라서 계산된 연출과 진정한 솔직함을 판별할 수 있는 능력이 핵심이다. 이를 위해서는 학교와 사회 전반에서 비판적 사고를 훈련시키는 체계적인 미디어 교육이 필요하다.

마지막으로, 제도적 안전장치의 구축이 필요하다. 안티히어로적 리더십이 민주주의를 활성화할 수도 있지만, 포퓰리즘이나 권위주의로 전락할 위험도 있다. 따라서 투명성과 참여를 확대하면서도 헌법과 법치주의의 기본 원칙을 지키는 제도적 장치가 필수적이다. 다수의 지지를 받는 지도자라 할지라도 소수자의 권리와 인권을 훼손할 수는 없다. 민주주의의 기본 구조를 보전하는 안전망 위에서만 안티히어로 정치의 긍정적 잠재력이 발휘될 수 있다.

결론: 불완전함의 완성을 향하여

안티히어로 시대는 완벽한 영웅을 추앙하던 낡은 정치의 끝이자, 불완전함을 새로운 정치적 자산으로 삼는 전환의 시작이다. 그러나 이 불완전함은 혼돈이나 무질서가 아니다. 오히려 인간적이고 지속가능한 정치를 향한 진화의 징표다. 정치가 더 이상 몇몇 엘리트의 특권이 아니라, 불완전한 인간들이 서로의 약점을 인정하고 그 속에서 새로운 연대를 만들어가는 과정이 되는 것이다.

미래의 정치인은 모든 것을 갖추고 완벽해야 할 필요가 없다. 대신 솔직해야 하고, 투명해야 하며, 배우려는 태도를 보여야 한다. 완벽하게 통제된 언어 대신 시행착오와 고민이 드러나는 말, 모든 답을 아는 듯한 태도 대신 시민들과 함께 해답을 찾아가려는 의지가 더 큰 설득력을 가진다. 무엇보다 중요한 것은 완벽한 정답이 아니라 끊임없는 대화와 관계 맺음이다.

이런 정치가 만들어낼 미래는 지금보다 훨씬 더 시끄럽고 복잡할 것이다. 갈등이 표면으로 자주 드러나고, 다양한 목소리들이 충돌할 것이다. 그러나 그것은 위기가 아니라 민주주의의 활력이다. 더 많은 사람들이 정치에 참여하고, 더 다양한 경험과 관점이 공론장에 들어올수록 민주주의는 단단해지고 풍부해진다.

노무현이 보여준 인간적 서투름, 이준석이 드러낸 세대의 갈등, 이재명이 겪어온 결핍과 싸움은 모두 이 새로운 정치의 예고편이었다. 그들은 완벽하지 않았기에 더 인간적이었고, 실수했기에 더 진정성이 있었으며, 결핍을 드러냈기에 더 많은 시민과 연결될 수 있었다. 바로 그 점에서 안티히어로들은 21세기 민주주의의 '실험자'였다.

2045년, 우리가 돌아보게 될 안티히어로 시대는 민주주의가 한 단계 더 성숙해진 시대로 기록될 것이다. 완벽함이라는 환상을 버리고, 불완전함의 가치를 받아들인 시대. 지도자와 시민이 수직적 관계를 넘어, 함께 배우고 성장하는 동료로 만난 시대 말이다. 그리고 그 중심에는 한국이 있을 가능성이 크다. 권위주의에서 민주주의로, 영웅 정치에서 안티히어로 정치로 넘어온 한국의 경험은 세계 민주주의에 중요한 교훈이 될 것이다.

불완전함의 완성—이것이야말로 다음 시대 정치의 핵심이며, 우리가 준비해야 할 새로운 리더십의 이름이다.

에필로그

새로운 리더십을 기다리며

 이 책을 쓰는 동안, 한 가지 질문을 끊임없이 되뇌었다. "그래서 당신은 어떤 리더를 원하는가?" 플라톤이 말한 철인군주인가, 마키아벨리의 냉철한 군주인가, 아니면 이 책에서 탐구한 불완전한 안티히어로들인가? 솔직히 말하자면, 나 역시 확신하지 못했다.

 노무현의 '바보 같은' 솔직함에서 매력을 느꼈지만, 그 솔직함이 때로는 정치적 독으로 돌변하는 순간을 보았다. 이준석의 파격에서 신선함을 느끼면서도, 갈라치기 전술이 사회의 균열을 키운다는 우려를 떨치기 어려웠다. 이재명의 서민 서사에 공감했지만, 꼬리를 무는 각종 의혹들이 마음을 불편하게 했다. 그리고 윤석열의 직진형 언어가 정치를 정화하리라는 기대가 있었으나, 수사적 단호함이 정치의 섬세함을 덮어버릴 때의 긴장도 분명히 목격했다.

그러나 집필의 과정에서 서서히 깨닫게 된 것이 있다. 우리는 이미 선택했다는 것이다. 의식적이든 무의식적이든, 우리는 완벽한 영웅 대신 불완전한 안티히어로를 선택해왔다. 그리고 그 선택이 반드시 잘못된 것만은 아니었다.

완벽함의 환상에서 벗어나기

어릴 때는 정치인이 모든 걸 다 아는 사람이어야 한다고 생각했다. TV에서 보는 정치인들은 항상 자신만만했고, 모든 질문에 척척 답변했다. 실수하는 모습은 거의 보지 못했다. 그들은 나에게 '어른'의 전형이었다.

하지만 나이를 먹으면서 깨닫게 된 것은 그런 '완벽한' 모습들이 대부분 연출된 것이라는 사실이었다. 실제로는 그들도 모르는 것이 많았고, 실수도 했으며, 때로는 거짓말도 했다. 다만 그것을 감추는 데 능숙했을 뿐이었다.

2002년 노무현이 대선 TV토론에서 "잘 모르겠습니다"라고 솔직하게 말했을 때 나는 놀랐다. 정치인이 모른다고 말해도 되는 건가? 하지만 이상하게도 그 솔직함이 더 신뢰스러웠다. 아는 척하면서 엉터리 답변을 하는 것보다 훨씬 나았다.

그때 깨달았다. 완벽함이란 애초에 환상이었다는 것을. 인간은 불완전한 존재고, 정치인도 인간이다. 불완전한 인간이 완벽한 척하는 것보다는 불완전함을 인정하는 것이 더 정직하다는 것을 말이다.

지금 2025년, 우리는 그 어느 때보다 투명한 시대를 살고 있다. SNS와 24시간 뉴스, 실시간 팩트체크가 일상화된 시대에 완벽한 가면을 쓰고 있기는 거의 불가능하다. 정치인의 일거수일투족이 실시간으로 노출되고, 과거 발언들이 데이터베이스에 영구 보관된다.

이런 상황에서 여전히 완벽한 리더를 기대한다는 것은 현실을 무시하는 일이다. 대신 우리는 새로운 기준을 만들어야 한다. 완벽하지 않아도 되니까 투명하라. 모든 걸 알지 못해도 되니까 배우려 하라. 실수해도 되니까 인정하라.

당신은 어떤 리더를 원하는가?

이제 당신에게 묻고 싶다. 당신은 정말로 완벽한 리더를 원하는가? 모든 질문에 척척 답변하고, 절대 실수하지 않으며, 언제나 품위를 잃지 않는 그런 리더 말이다. 겉으로는 그런 리더가 좋아 보일 수 있다. 안정감을 주고, 믿음직스러워 보인다.

하지만 생각해보자. 그런 완벽함이 정말 가능할까? 만약 가능하다면, 그것은 진짜 완벽함일까 아니면 연출된 완벽함일까? 연출된 완벽함이라면, 그 뒤에는 무엇이 숨어 있을까?

내 경험으로는 지나치게 완벽해 보이는 사람일수록 뭔가 숨기고 있을 가능성이 높다. 인간이라면 누구나 약점과 실수가 있기 마련인데, 그것을 전혀 드러내지 않는다는 것은 부자연스럽다.

반대로 자신의 약점을 솔직하게 드러내는 사람은 어떨까? 처음에는 어색하고 불안할 수 있다. '이런 사람이 과연 리더 역할을 제대로 할 수 있을까?' 하는 의구심이 들 수도 있다.

하지만 시간이 지나면서 느끼게 되는 것은 그런 사람이 오히려 더 신뢰할 만하다는 것이다. 적어도 속이지는 않으니까. 자신의 한계를 알고 있으니까 더 신중하게 행동하고, 도움을 요청하는 것도 주저하지 않는다.

노무현이 그랬다. 그는 자신이 부족하다는 것을 알고 있었다. 그래서 끊임없이 배우려 했고, 주변 사람들의 조언을 구했다. 때로는 실수도 했지만, 그 실수를 통해 성장했다. 완벽하지 않았지만 진정성이 있었다. 비슷한 처지의 사람들과 연대하는 기반으로 삼는다.

윤석열은 결이 좀 다르지만, 그는 '원칙'과 '직진형 언어'로 기대를 모았다. 타협보다 단호함을 앞세우는 태도는 부패와 특권에 대해 분명한 신호를 보냈다. 동시에 그 단호함이 정치가 요구하는 섬세한 조율과 공감의 기술을 가리는 순간도 있었다. 강점은 명확했지만, 그 강점이 때로는 협치의 감각과 충돌했다.

이준석도 마찬가지다. 36세에 당대표가 된 그에게는 명백히 부족한 점들이 있었다. 정치 경험도 부족했고, 때로는 경솔한 발언으로 물의를 빚기도 했다. 하지만 그는 그런 자신의 한계를 숨기지 않았다. 오히려 '젊음'과 '신선함'이라는 장점으로 승화시켰다.

이재명은 좀 더 복잡한 경우다. 그의 과거와 현재에는 분명 문제가 되는 부분들이 있다. 하지만 그는 그것을 감추기보다는 해명하거나 반박한다. 대신 그것을 자신의 정체성으로 받아들이고, 비슷한 처지의 사람들과 연대하는 기반으로 삼는다.

이들의 공통점은 무엇인가? 완벽하지 않지만 투명하다는 것이다. 자신의 약점을 숨기지 않고, 실수를 했을 때 인정한다는 것이다. 그리고 그런 불완전함을 통해 오히려 대중과 더 깊은 연결을 만든다는 것이다.

안티히어로 시대의 시민이 되기

그렇다면 안티히어로 시대를 살아가는 시민으로서 우리는 어떤 자세를 가져야 할까? 첫째, 관대함을 배워야 한다. 완벽한 리더를 기대하지 말고, 불완전한 리더의 실수를 용인할 줄 알아야 한다. 물론 무조건적인 용인은 아니다. 고의적인 거짓말이나 부패, 권력 남용은 용납할 수 없다. 하지만 인간적인 실수나 경험 부족에서 오는 시행착오는 성장의 과정으로 받아들일 수 있어야 한다.

둘째, 참여를 늘려야 한다. 안티히어로들은 일방적으로 지시하는 리더가 아니라 시민과 함께 만들어가는 리더다. 이런 리더십이 제대로 작동하려면 시민들의 적극적인 참여가 필요하다. SNS에서 의견을 개진하는 것부터 지역 모임에 참석하는 것까지, 크고 작은 참여가 모두 의미가 있다.

셋째, 비판적 사고를 유지해야 한다. 안티히어로에 대한 지지가 맹목적 추종으로 변질되어서는 안 된다. 아무리 진정성 있는 리더라고 해도 잘못을 저지를 수 있고, 때로는 길을 잃을 수도 있다. 그럴 때 건전한 비판과 견제가 필요하다. 비판한다고 해서 지지를 철회하는 것은 아니다. 더 나은 방향으로 갈 수 있도록 돕는 것이다.

넷째, 다양성을 인정해야 한다. 안티히어로들은 저마다 다른 배경과 특성을 가지고 있다. 모든 안티히어로가 같을 수는 없고, 같을 필요도 없다. 내가 선호하는 스타일의 리더와 다르다고 해서 무조건 배척하지 말고, 그 다름 속에서 배울 점은 없는지 생각해봐야 한다.

다섯째, 장기적 관점을 가져야 한다. 안티히어로들은 완성된 리더가 아니라 성장하는 리더다. 따라서 단기적인 성과보다는 장기적인 방향성을 봐야 한다. 당장의 실수나 부족함에 일희일비하지 말고, 전체적인 궤적을 추적해야 한다.

결국 안티히어로적 리더십은 시민의 안티히어로적 태도와 호응할 때 완성된다. 불완전한 리더와 불완전한 시민이 서로의 약점을 인정하며 만들어가는 정치가 바로 이 시대의 민주주의다.

불완전함이 만드는 연대

안티히어로 시대의 가장 큰 장점은 '연대의 가능성'이다. 완벽한 영웅은 우러러볼 수는 있지만 함께할 수는 없다. 너무 높은 곳에 있어서 닿을 수 없기 때문이다. 반면 불완전한 안티히어로는 우리와 같은 높이에 있다. 그래서 함께 걸을 수 있고, 함께 성장할 수 있다.

이것이 민주주의의 진정한 의미이다. 완벽한 지도자가 불완전한 대중을 이끄는 것이 아니라, 불완전한 사람들이 함께 더 나은 사회를 만들어가는 것 말이다.

노무현 시대에 '노사모'가 등장했을 때, 많은 사람들이 당황했다. 정치인에게 팬클럽이 있다니, 이게 무슨 일인가? 하지만 나는 그것이 새로운 형태의 정치 참여라고 생각했다. 단순히 표를 던지고 끝나는 것이 아니라, 지속적으로 관심을 갖고 함께 만들어가는 정치 말이다. 그리고 그 과정에서 함께하겠다는 의지를 보인다.

윤석열 지지층은 리더의 완결성을 요구하지 않았다. 대신 '원칙-직진'이라는 성향을 시대적 해소의 도구로 삼았다. 말의 거칠음은 결점이 아니라 기성 정치의 관성에 균열을 내는 망치로 읽혔고, 논란이 불거질수록 "그래서 더 필요하다"는 역설적 확신이 강화됐다.

이준석의 젊은 지지층들도 마찬가지였다. 그들은 이준석을 완벽한 리더로 보지 않았다. 대신 자신들의 목소리를 대변해줄 수 있는 동년배로 봤다. 그래서 그의 실수에도 관대했고, 그가 성장할 수 있도록 도왔다.

이재명의 '개딸'들도 그렇다. 그들은 이재명의 각종 의혹을 모르지 않는다. 하지만 그것이 그에 대한 지지를 철회하는 이유가 되지는 않는다. 대신 그가 극복해야 할 과제로 본다. 그리고 그 과정에서 함께하겠다는 의지를 보인다.

이런 연대는 기존의 정치에서는 볼 수 없었던 새로운 현상이다. 과거의 정치는 '위로부터의 동원'이었다. 지도자가 방향을 정하면 대중이 따르는 구조였다. 하지만 안티히어로 정치는 '아래로부터의 결합'이다. 대중이 자발적으로 참여하고, 지도자와 함께 방향을 만들어가는 구조다.

물론 이런 연대에도 위험이 있다. 맹목적 추종으로 변질될 수 있고, 다른 의견을 배척하는 배타적 집단으로 변할 수도 있다. 하지만 그런 위험을 이유로 새로운 가능성을 포기해서는 안 된다. 대신 건전한 연대가 될 수 있도록 계속 노력해야 한다.

미래에 대한 희망

이 책을 완성하면서 한국 정치의 미래를 바라보는 시각은 복합적일 수밖에 없었다. 분열과 갈등의 심화, 가짜뉴스와 혐오의 확산, 민주주의 제도 자체에 대한 위기감이 깊어지는 현실을 목격하면서 때로는 비관적인 전망에 빠지기도 했다.

그러나 동시에 희망의 근거들도 분명히 존재한다. 젊은 세대들이 기존 권위구조에 순응하지 않고 자신들만의 방식으로 정치에 참여하고 있다는 점, 정치인들에게 투명성과 진정성을 요구하는 목소리가 높아지고 있다는 점, 그리고 불완전한 리더라도 진심이 통한다면 함께할 수 있다는 가능성을 확인했기 때문이다.

한국경제신문 조사에서 2030세대의 40%가 "10년 후 대한민국이 더 나빠질 것"이라고 답한 결과는 처음에는 충격적으로 다가왔다. 하지만 이는 절망이 아니라 현실에 대한 정확한 인식의 표현이었다. 젊은 세대는 문제가 무엇인지 명확히 알고 있고, 바로 그렇기 때문에 변화를 갈망하고 있는 것이다.

실제로 12.3 비상계엄 사태 이후 젊은 세대들이 보여준 반응은 그들이 결코 무기력하지 않다는 것을 증명했다. 위기 상황에서 오히려 더욱 적극적으로 목소리를 냈다. 탄핵 집회에 참여하고, 온라인에서 의견을 개진하며, 정치적 변화를 요구하는 모습에서 민주주의의 역동성을 확인할 수 있었다. 이것이 바로 안티히어로 시대의 희망이다. 완벽한 구세주를 기다리는 수동적 자세가 아니라, 스스로 변화의 주체가 되려는 시민들이 늘어나고 있다는 사실이다.

한국 정치는 지금 또 한 번의 격변기에 서 있다. 완벽한 영웅들이 차례로 몰락한 자리에 불완전한 안티히어로들이 등장해 새로운 희망과 논쟁을 불러일으키고 있다. 머지않아 우리는 조국과 윤석열 같은 안티히어로적 인물들이 다시 정치 무대에 등장하여 서로 교차하며 한국 정치의 운명을 좌우하는 장면을 목격하게 될 가능성이 높다.

그때 광장은 다시 함성으로 가득할 것이다. 열광은 특정 인물을 향해 타오르고, 팬덤 정치는 그들의 결점을 또다시 눈감아줄지도 모른다. 그러나 열광의 정치가 불러오는 반작용 역시 냉혹하다. 팬덤은 당내 경선을 압도할 수 있지만, 전국 단위 선거에서는 언제든 무력화될 수 있다. 열광은 결집을 낳지만 동시에 분열과 피로를 심화시키기 때문이다.

보수 진영 역시 예외가 아니다. 이미 균열이 시작되었고,

친윤과 반윤을 넘어서는 새로운 정치 세력들이 등장하고 있다. 다가올 총선과 대선에서 우리는 두 개, 혹은 세 개의 보수가 경쟁하는 전례 없는 장면을 보게 될 것이다. 어떤 이는 과거의 영광을 외치며 강경 보수의 길을 걸을 것이고, 다른 이들은 개혁적이고 젊은 보수의 이름으로 "미래형 보수연합"을 시도할 것이다. 이들이 끝내 분열 속에서 자멸할지, 아니면 극적으로 통합되어 거대한 보수의 물결을 일으킬지는 아직 알 수 없다. 분명한 것은 변화 없는 보수는 미래를 얻을 수 없다는 점이다.

2026년, 2027년의 선거가 다가온다. 그것은 구시대의 막이 내리고 새 시대의 막이 오르는 변곡점이 될 것이다. 그 순간 유권자들은 다시 근본적인 질문에 직면한다.

"우리는 무엇을 선택할 것인가?"

완벽을 가장하는 영웅인가, 아니면 상처를 인정하는 솔직한 인간인가. 세대를 갈라놓는 증오인가, 아니면 통합을 모색하는 용기인가. 만약 0.73%p 차이의 아슬아슬한 승부가 다시 재현된다면, 그 승자는 아마도 진정성으로 무장한 안티히어로일 것이다. 그는 증오의 벽을 넘어 자신을 지지하지 않는 사람들까지 품어낼 용기를 지닌 지도자일 것이다. 완벽의 환상 대신 불완전함의 지혜를 드러낼 수 있는 정치인, 광신 대신 성찰을 불러일으킬 수 있는 리더여야 한다.

한국 정치는 마침내 영웅 신화의 허상을 벗어나야 한다. 불완전한 인간의 정치에서 성숙한 민주주의의 정치로 나아가는 것, 이것이 우리가 맞이해야 할 다음 장이다. 이러한 전환이 가능한 이유는 젊은 세대들이 보여주는 새로운 정치 참여 방식에 있다. 그들은 완벽한 리더를 찾는 대신 문제를 정확히 인식하고 변화를 요구한다. 기존 권위에 무조건적으로 순응하지 않으면서도 건설적인 대안을 모색한다. 온라인과 오프라인을 넘나들며 다양한 방식으로 정치에 참여하고, 투명성과 책임성을 끊임없이 요구한다.

이것이 바로 안티히어로 시대가 가져다주는 진정한 희망이다. 완벽한 영웅 한 명이 모든 것을 해결해주기를 기대하는 수동적 민주주의에서, 불완전하지만 진실한 리더와 깨어 있는 시민들이 함께 만들어가는 능동적 민주주의로의 전환 말이다.

그리하여 한국 정치는 마침내 영웅의 허상을 벗고, 불완전한 인간들의 정치에서 성숙한 민주주의의 정치로 나아갈 것이다. 이것이 우리가 맞이해야 할 다음 장이며, 이 책이 마지막으로 남기고자 하는 질문이자 선언이다.

안티히어로 선언

마지막으로 나 자신의 이야기를 해보고 싶다. 이 책을 쓰는 동안 가장 어려웠던 것은 분석자로서의 중립을 유지하는 일이었다. 다루는 인물들에 대한 개인적 호불호를 완전히 배제하기란 쉽지 않았기 때문이다. 노무현에 대한 생각, 트럼프에 대한 우려, 이준석에 대한 호기심, 이재명에 대한 복잡한 감정이 분석 과정에 끊임없이 개입하려 했다. 여기에 윤석열을 둘러싼 기대(원칙과 단호함)와 불안(협치와 조율의 결핍 우려)까지 포개지며 심리적 잡음이 커졌다.

하지만 의도적으로 그런 감정들을 억누르려 노력했다. 이 책의 목적은 특정 인물에 대한 지지나 비판이 아니라, 우리 시대에 나타나는 정치 현상 자체를 이해하는 것이기 때문이다. 안티히어로들이 보여준 것이 민주주의의 발전인지 퇴보인지, 그들의 개별적 성공이 바람직한 것인지 우려스러운 것인지는 독자들이 각자 판단할 몫이다.

그런데 이런 중립을 지키려 애쓰는 과정에서 나는 중요한 사실을 깨달았다. 나 자신도 일종의 안티히어로라는 것이다. 나는 완벽한 지식인이 아니다. 모든 분야에 정통하지도 못하고, 때로는 틀린 판단을 내리기도 한다. 정치적 견해도 시간이 지나면서 바뀌었고, 과거의 확신이 지금은 의문으로 변한 경우도 많다.

하지만 그런 불완전함을 숨기지 않으려 한다. 모르는 것은 모른다고 말하고, 틀렸을 때는 인정한다. 그리고 계속 배우려 노력한다. 완벽한 답을 제시하기보다는 함께 고민할 수 있는 질문을 던지려 한다. 단지 현상을 분석하고, 질문을 던지며, 함께 고민할 수 있는 틀을 제공하려 했을 뿐이다.

이것이 나의 안티히어로 선언이다. 완벽하지 않지만 진정성 있게, 모든 것을 알지 못하지만 배우려는 자세로, 확신하지 못하지만 고민하는 마음으로 독자들과 만나겠다는 것이다.

그리고 당신에게도 같은 선언을 권하고 싶다. 완벽한 시민이 되려 하지 마라. 대신 진정성 있는 시민이 되라. 모든 것을 다 알려 하지 마라. 대신 계속 배우려 하라. 확고한 신념을 가지려 애쓰지 마라. 대신 열린 마음으로 고민하라. 그리고 완벽한 리더를 기다리지 마라. 대신 불완전한 리더와 함께 더 나은 사회를 만들어가라.

이제 마지막 질문을 던지고 싶다. 당신은 어떤 시민이 되고 싶은가? 모든 것을 다 아는 완벽한 시민인가, 아니면 계속 배우려는 불완전한 시민인가? 항상 옳은 판단을 내리는 확신에 찬 시민인가, 아니면 실수를 두려워하지 않는 용기 있는 시민인가? 혼자서 모든 것을 해결하려는 영웅적 시민인가, 아니면 다른 사람들과 함께 만들어가는 연대의 시민인가?

나는 후자를 선택한다. 그리고 당신도 그런 선택을 할 수 있기를 바란다. 안티히어로 시대는 이미 시작되었다. 그 신호탄은 2025년 2월 28일 백악관 집무실에서 울렸다. 트럼프와 젤렌스키, 두 사람의 서투르고 불완전한 충돌 속에서 우리는 새로운 정치의 맨얼굴을 목격했다. 권위의 가면이 벗겨지고, 인간의 날것이 드러나는 순간이었다. 그것은 추악해 보였지만, 동시에 정직했다.

이제 남은 것은 우리가 그 시대를 어떻게 살아갈 것인가 하는 선택뿐이다. 완벽함의 환상에 갇혀 완벽한 영웅을 기다리는 관객석에 머물 것인가, 아니면 불완전함의 가능성을 믿고 불완전한 동료들과 함께 무대 위로 올라갈 것인가? 당신의 선택이 곧 우리 모두의 미래다. 불완전하지만 진정성 있는 우리들의 시대가 오기를 바라면서.

안티히어로
왜 우리는 흠결 있는 지도자에 열광하는가

초판1쇄발행	2025년 12월 03일
지은이	최병현
펴낸이	김태훈
편집	박서희
출판등록	2025년 2월 3일 제2025-000027호
주소	서울시 마포구 어울마당로 130, 기린빌딩 3층 3889호
문의메일	theredcamp.win@gmail.com
ISBN	979-11-991531-5-8(03300)